株式投資の基本

伸びる会社がわかる
財務諸表の読み方

鈴木 広樹

税務経理協会

はじめに

　本書は，投資家の方を対象として，財務諸表を株式投資に役立てるためには，それをどう読んだらいいかについて説明したものです。株式投資の判断材料となる情報には様々なものがありますが，その中で基本となるのは財務諸表です。まず初めに検討しなければならないのは財務諸表であり，財務諸表による投資判断こそ最も確実であるといえます。ある会社の株式への投資を検討する際，その会社の財務諸表は必ず読まなければなりません。

　財務諸表の読み方を説明している本は多数あり，その目的や説明方法も様々です。本書で説明しているのは株式投資に役立つ財務諸表の読み方ですが，初めから実際の財務諸表を読みながらそれを説明しています。なぜそうした方法をとるかというと，実際の財務諸表を読むことが財務諸表の読み方を身に付ける近道だからです。本書を読むことによって，株式投資に役立つ財務諸表の読み方を短期間で身に付けることができます。

　なお，本書には実際の財務諸表を掲載していますが，あくまで財務諸表の読み方を説明するためのものであり，その会社の株式への投資勧誘を行うためのものではないことについてお断りしておきます。また，掲載した財務諸表は発表されてから時間が経過しているため，その会社の現在の状態を表すものではありません。

　本書の執筆にあたっては，税務経理協会の宮田英晶氏に大変お世話になりました。心より感謝申し上げます。

　最後に，罪滅ぼしになるとは思えませんが，本書の執筆により休日一緒に出かけられなかった私の妻へ本書を捧げたいと思います。

　　2010年3月

　　　　　　　　　　　　　　　　　　　　　　　　　　鈴木　広樹

目次

第 1 章
財務諸表を株式投資に活かす

（1）成長する可能性が高い会社を見分ける …………………………………… 1
（2）最初から財務諸表を読む ……………………………………………………… 2
（3）財務諸表とは？ ………………………………………………………………… 3

第 2 章
回転寿司チェーン（くらコーポレーション）の財務諸表を読む

（1）実は高価な？回転寿司 ………………………………………………………… 11
（2）損益計算書を読む ……………………………………………………………… 12
（3）貸借対照表を読む ……………………………………………………………… 14
（4）キャッシュ・フロー計算書を読む ………………………………………… 18
　コラム　ベンチャー企業への投資と大企業への投資との違い ………………… 21

第 3 章
ワイン販売業（エノテカ）の財務諸表を読む

（1）品揃えが大切なワイン販売業 ………………………………………………… 22
（2）損益計算書を読む ……………………………………………………………… 22
（3）貸借対照表を読む ……………………………………………………………… 25
（4）キャッシュ・フロー計算書を読む ………………………………………… 29
　コラム　株主資本等変動計算書と附属明細表 …………………………………… 33

第 4 章

学習塾（東京個別指導学院）の財務諸表を読む

（1）元手が要らない学習塾 …………………………………………35
（2）損益計算書を読む …………………………………………………35
（3）貸借対照表を読む …………………………………………………38
（4）キャッシュ・フロー計算書を読む ……………………………43
　コラム 財務諸表の作り方① 　簿記とは？………………………47

第 5 章

スポーツクラブ（ルネサンス）の財務諸表を読む

（1）体を鍛えるためにはお金がかかる？ …………………………49
（2）損益計算書を読む …………………………………………………49
（3）貸借対照表を読む …………………………………………………52
（4）キャッシュ・フロー計算書を読む ……………………………54
　コラム 財務諸表の作り方② 　会社の活動はどう記録されるか？………58

第 6 章

財務諸表はどこにあるか？

（1）財務諸表はどこにあるか？ ………………………………………61
（2）決算短信とは？ ……………………………………………………62
（3）有価証券報告書とは？ ……………………………………………64
（4）決算短信や有価証券報告書の利用方法 ………………………66
　コラム 財務諸表の作り方③ 　損益計算書と貸借対照表の作り方………70

第 7 章

ユニクロ（ファーストリテイリング）の財務諸表を読む

（1）意外と厚利少売な？ユニクロ …………………………………72
（2）損益計算書を読む ………………………………………………72
（3）貸借対照表を読む ………………………………………………77
（4）キャッシュ・フロー計算書を読む ……………………………80
　コラム 財務諸表の作り方④　キャッシュ・フロー計算書の作り方 ………84

第 8 章

マック（日本マクドナルドホールディングス）の財務諸表を読む

（1）薄利多売の典型のマック ………………………………………86
（2）損益計算書を読む ………………………………………………86
（3）貸借対照表を読む ………………………………………………90
（4）キャッシュ・フロー計算書を読む ……………………………93
　コラム 財務諸表は正確か？ …………………………………………96

第 9 章

ビール会社（キリンホールディングス）の財務諸表を読む

（1）キリンはビール会社か？ ………………………………………98
（2）損益計算書を読む ………………………………………………98
（3）貸借対照表を読む ………………………………………………101
（4）キャッシュ・フロー計算書を読む ……………………………106
　コラム 借入れと増資、どちらがいいか？ …………………………110

第10章
セブン‐イレブン（セブン＆アイ・ホールディングス）の財務諸表を読む

（1）セブン‐イレブン？イトーヨーカ堂？……………………………111
（2）損益計算書を読む……………………………………………………111
（3）貸借対照表を読む……………………………………………………114
（4）キャッシュ・フロー計算書を読む…………………………………118
　　コラム 増資は株主にとって損？……………………………………122

第11章
財務諸表を分析するための道具

（1）財務諸表を分析するための道具……………………………………123
（2）損益計算書を分析するための道具…………………………………123
（3）貸借対照表を分析するための道具…………………………………127
（4）キャッシュ・フロー計算書を分析するための道具………………131
　　コラム 減資は株主にとって損？……………………………………134

第12章
不動産会社（日本綜合地所）の財務諸表を読む

（1）倒産の原因は何だったのか？………………………………………135
（2）損益計算書を読む……………………………………………………135
（3）貸借対照表を読む……………………………………………………139
（4）キャッシュ・フロー計算書を読む…………………………………141
　　コラム 配当はどんどんした方がいい？……………………………145

第13章

自動車メーカー（スズキ）の財務諸表を読む

（1）スズキの経営姿勢が表れている財務諸表 …………………… 146
（2）損益計算書を読む ……………………………………………… 146
（3）貸借対照表を読む ……………………………………………… 150
（4）キャッシュ・フロー計算書を読む …………………………… 152
　コラム　株主優待について ……………………………………… 156

第14章

テレビ局（フジテレビ）の財務諸表を読む

（1）番組が商品のテレビ局 ………………………………………… 159
（2）損益計算書を読む ……………………………………………… 159
（3）貸借対照表を読む ……………………………………………… 162
（4）キャッシュ・フロー計算書を読む …………………………… 164
　コラム　TOBには申し込むべきか？ …………………………… 168

第15章

航空会社（全日本空輸）の財務諸表を読む

（1）JALに対してANAは？ ………………………………………… 169
（2）損益計算書を読む ……………………………………………… 169
（3）貸借対照表を読む ……………………………………………… 172
（4）キャッシュ・フロー計算書を読む …………………………… 174
　コラム　ダメな会社の株式を買ってしまったら ……………… 178

第16章 成長可能性が高い会社の財務諸表とは？

（1）インカムゲインを得ることができる株式とは？……………179
（2）成長可能性が高い会社の財務諸表とは？……………………180

◘索　引◘ ……………………………………………………………187

第1章 財務諸表を株式投資に活かす

本書は，投資家の方を対象として，株式投資に活かす財務諸表の読み方を解説するものです。株式投資に活かす財務諸表の読み方とは，財務諸表を読んで，その会社が今後成長する可能性が高いかどうかを見分ける方法であるといっていいでしょう。

（1）成長する可能性が高い会社を見分ける

株式投資の目的は2つあるかと思います。1つは，購入した株式の価格が購入したときよりも高くなったときに売却して売却益（キャピタルゲイン）を得ることです。そして，もう1つは，購入した株式の発行会社から配当（インカムゲイン）を得ることです。

キャピタルゲインを得ることができそうな株式とは，どのような株式でしょうか。今後価格が上昇する可能性が高い株式ですが，そうした株式とは，今後成長する可能性が高い会社の株式であるといえます。株価は，短期的には様々な情報などにより会社の成長と無関係に変動することがあります。しかし，**長期的には会社の成長と比例した動きを示します**。なぜなら，会社が成長すれば，その会社の株主に多くの利益がもたらされるようになり（多くの配当を得られることなど），その会社の株式の魅力が高まるからです。

それでは，インカムゲインを得ることができそうな株式とは，どのような株式でしょうか。後で説明しますが，株主に対して配当を支払うことができる会社，また，実際に配当を支払っている会社は，その財務諸表からすぐにわかります。しかし，そうした会社が，今後も継続的に配当を支払うことができる状

態でいれる，また，配当を支払い続けることができるとは限りません。購入するとしたら，今後も継続的にインカムゲインを得ることができそうな株式にした方がいいでしょう。そうした株式はどのような会社の株式かというと，**やはり今後成長する可能性が高い会社の株式であるといえます**。株主に対して支払われる配当はその会社の成長と連動するため，インカムゲインを得ることを目的とした場合であっても，今後成長する可能性が高い会社の株式を購入した方がいいでしょう。

（2）最初から財務諸表を読む

　財務諸表の読み方を解説している本の多くは，財務諸表の個別の項目を順々に解説していきます。そして，すべての項目を解説した後，それではご自分で実際の財務諸表を読んでみて下さいといった感じです。しかし，そのように解説されて実際の財務諸表を読めるようになった人は，おそらくほとんどいないのではないでしょうか。

　まず，そのように個別の項目を順々に解説されると，通常，記憶に定着していない項目があるものです。財務諸表には多くの項目が含まれているのですが，あくまで読むことを目的とした場合は，重要性の高い項目と低い項目があります。重要性の高い項目のことがわかっていないと，財務諸表を読むことはできません（英語の文章を読む場合，キーワードとなる単語の意味がわからないと，なかなか理解できないように）。財務諸表の読み方を学習するのであれば，個別の項目を順々に学習していくのではなく，重要性の高い項目に重点を置いて学習していくべきです。

　また，何より個別の項目を順々に解説されても，なかなか財務諸表の全体をとらえられるようにはなりません。財務諸表がどのようなものかは後で説明しますが，それは会社の姿と能力を表すものです。財務諸表を読むことは，それを通して会社の姿と能力をとらえることだといえます。そして，財務諸表の一部分だけをとらえても，その会社の姿と能力をとらえることはできません。財務諸表の全体をとらえることができて初めて，その会社の姿と能力をとらえる

ことができるのです。

　それでは，どのように財務諸表の読み方を学習していったらいいのでしょうか。おかしないい方になるかもしれませんが，早く財務諸表を読めるようになるためには，最初から財務諸表を読むべきだといえます。実は筆者も，財務諸表のひととおりの項目は理解できるようになっても，その全体をとらえられるようになるまでには時間がかかりました。全体をとらえられるようになったのは，仕事で多くの財務諸表を読んでからです。財務諸表の全体をとらえられるようになるためには，実際の財務諸表に触れる必要があります。最初から実際の財務諸表に触れて，その全体をとらえる練習をしながら，個別の項目は重要性の高いものから学習していくというのが，効率的な財務諸表の読み方の学習方法であるといえます。

（3）財務諸表とは？

　本書では，実際の財務諸表に触れながら，財務諸表の読み方を身に付けてもらいます。しかし，そもそも財務諸表とは？という方もいらっしゃるかと思いますので，まず財務諸表の読み方の基礎の基礎について説明します。財務諸表とは，会社の活動の結果を金額によって表したものですが，これから読んでいくのは，そのうち損益計算書，貸借対照表，キャッシュ・フロー計算書の3つです。財務諸表は5つあるのですが（ほかに附属明細表と株主資本等変動計算書），そのうち基本となる3つを読んでいくことにします。

　財務諸表を読むに当たっては，前に述べたとおり，まず全体をとらえる，そして，重要なところから読んでいくようにして下さい。財務諸表にはたくさんの数字が並んでいます。それを端っこから順々に読んでいっても，理解しづらいでしょうし，また，おそらく途中で嫌になってしまうでしょう。本書でも，まず全体から，そして，重要なところから少しずつ説明していきます。

① 損益計算書とは？

　ある株式を購入しようとした場合，まず気になるのは，その会社が利益を得

ているかどうかではないでしょうか。損益計算書は，会社がどのくらい利益を得たのか，そして，どのようにして得たのかを表したものです。利益は，収益から費用を引いて計算します。収益とは，会社が事業を行って得たものの金額で，費用とは，その収益を得るために必要としたものの金額です。なお，収益から費用を引いて，プラスの場合は利益といいますが，マイナスの場合は損失といいます。

$$収益 － 費用 ＝ 利益$$

　損益計算書の構成は次のようになります。実際の損益計算書にはたくさんの科目が並んでいますが，まずこの構成をとらえるようにして下さい。「利益」と付くものが複数ありますが，一番下の当期純利益が最終的な利益です。その上で様々な収益から様々な費用を引いているのです。

損益計算書の構成

```
売         上         高
売     上     原     価
売   上   総   利   益
販 売 費 及 び 一 般 管 理 費
営     業     利     益
営   業   外   収   益
営   業   外   費   用
経     常     利     益
特     別     利     益
特     別     損     失
税 引 前 当 期 純 利 益
法人税，住民税及び事業税
法 人 税 等 調 整 額
当   期   純   利   益
```

　当期純利益がどのようにして得られるのか，上から順に見ていきます。一番上の売上高（収益）は商品やサービスを販売した金額で，その下の売上原価（費用）はそれの元々の金額です。例えば，魚屋さんが，魚市場から50万円で

仕入れてきた魚を100万円で販売したとしたら，売上高が100万円，売上原価が50万円です。そして，売上原価の下の売上総利益（利益）は，売上高から売上原価を引いたもので，粗利ともいいます。魚屋さんの例では，売上高100万円－売上原価50万円＝売上総利益50万円です。

売上高 － 売上原価 ＝ 売上総利益

売上総利益の下の販売費及び一般管理費（費用）は，商品やサービスを販売するために売上原価以外に必要になったものの金額で，例えば人件費や家賃などがあります。販売費及び一般管理費の下の営業利益（利益）は，売上総利益からさらに販売費及び一般管理費を引いたものです。魚屋さんの例で，販売費及び一般管理費としてパートの方への給料10万円があったとすると，売上総利益50万円－販売費及び一般管理費10万円＝営業利益40万円となります。

売上総利益 － 販売費及び一般管理費 ＝ 営業利益

営業利益までは，商品やサービスを販売するという営業活動を通じて発生する収益，費用，利益ですが，その下の営業外収益（収益）と営業外費用（費用）は，文字どおり営業活動以外の活動を通じて発生する収益と費用で，主にお金の貸し借りや運用を通じて発生するものです。営業外費用の下の経常利益（利益）は，営業利益に営業外収益を足して，それから営業外費用を引いたもので，文字どおり会社の通常の活動を通じて発生した利益です。お金の貸し借りや運用などは，会社の本業ではありませんが，会社にとって必要な活動です。魚屋さんの例で，預金の利子の受取りが2万円，借入金の利子の支払いは3万円あったとすると，営業利益40万円＋営業外収益2万円－営業外費用3万円＝経常利益39万円となります。

営業利益 ＋ 営業外収益 － 営業外費用 ＝ 経常利益

経常利益の下の特別利益と特別損失は，会社の通常の活動によってではなく，特別な原因によって発生したものです。そのため，特別収益，特別費用ではな

く，特別利益，特別損失といいます。経常利益に特別利益を足して，それから特別損失を引いたものが税引前当期純利益で，それからさらに税金を引いたものが当期純利益です。なお，法人税，住民税及び事業税の下の法人税等調整額は，税金の額を税引前当期純利益に対応した額に調整するためのものなのですが，これについては後であらためて説明します。

経常利益　＋　特別利益　－　特別損失　＝　税引前当期純利益

このようにして，損益計算書は，会社がどのくらい利益を得たのか，そして，どのようにして得たのかを表すのですが，利益をできる限り大きくするためには，どうしたらいいのでしょうか。おわかりかと思いますが，**収益をできる限り大きくして，費用をできる限り小さくすればいいのです**。極めて単純なことですが，それを実現するのは決して簡単ではありません。ただ，会社は，基本的にそのように考えながら，利益をできる限り大きくできるように活動しています。損益計算書を読むときも，その点を踏まえて読むようにします（利益の増減の原因は，収益の増減にあるのか？費用の増減にあるのか？）。

また，「利益」と付くものが複数ありますが，最も重要なものはどれでしょうか。最終的な利益である当期純利益だと思われるかもしれませんが，必ずしもそうとは限りません。例えば，経常利益はプラスなのに，たまたま大きな特別損失が発生して，当期純利益がマイナス（当期純損失）になってしまった会社と，経常利益はマイナス（経常損失）なのに，たまたま大きな特別利益が発生して，当期純利益がプラスになった会社があったとします。どちらの会社に高い成長可能性を感じて，その株式を購入したいと思うでしょうか。損益計算書を読むときは，当期純利益だけでなく，ほかの利益の金額も確認しなければなりません。

② 貸借対照表とは？

貸借対照表は，会社がどれだけのモノを保有しているのか，そして，それを得るためのお金はどのようにして集めたのかを表したものです。貸借対照表の

構成は次のようになります。貸借対照表にも，実際はたくさんの科目が並んでいますが，まずこの構成をとらえるようにして下さい。

貸借対照表の構成

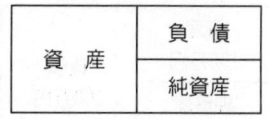

　左側の資産には，会社が保有しているモノの金額が記載されます。モノといいましたが，内訳は様々で，お金もあれば，形のない権利などもあります。そして，右側の負債には，主に債権者（銀行など）から集めたお金の額が，純資産には，主に株主から集めたお金の額が記載されます。当然ですが，貸借対照表の左右の金額は等しくなります。

> **資産 ＝ 負債 ＋ 純資産**

　例えば，銀行から100万円（負債），株主から100万円（純資産），合計200万円のお金を集めて，魚屋を始めたとします。この時点では，資産にお金200万円が記載されます（実際は「現金及び預金」という名称で）。そして，そのお金を使って，50万円の魚と100万円の冷蔵庫を購入したとします。このとき，資産には，お金50万円，魚50万円，冷蔵庫100万円が記載されます（実際はほかの名称で）。この時点でも，合計額は200万円で，負債と純資産の合計額と同じです。

　なお，純資産はお金を返す必要がないのですが，負債はいつかお金を返さなければならないものです。そのため，貸借対照表の右側のうち，純資産の割合が高い方が，お金を返す必要がないので，余裕があるといえます。**貸借対照表で最初に見るのは，この純資産の割合で，それによって会社に余裕があるか否か（返済に追われていないか）を確認します**。

　ちなみに，債務超過とは，負債が資産を上回ってしまった状態のことをいいます。例えば，資産が100万円なのに，負債が200万円といった状態で，その場合，純資産はマイナス100万円になります。奇妙な感じがするかもしれません

が，当期純利益のマイナス（当期純損失）が大きいと，そうした状態になってしまうことがあります。その理由については，後であらためて説明します。

債務超過の状態

資産 100万円	負債 200万円
純資産 △100万円	

③ キャッシュ・フロー計算書とは？

キャッシュ・フロー計算書は，会社でお金の出入りがどれだけあり，その結果，会社にどれだけお金があるのかを表したものです。**なぜキャッシュ・フロー計算書が必要かというと，損益計算書では利益が出ていても，お金が増えているとは限らないからです。**その理由については後であらためて説明しますが，利益が出ているにもかかわらず，お金が減り，最悪の場合，お金がなくなって，事業を続けられなくなってしまうことさえあります（これを黒字倒産といいます）。

したがって，損益計算書で利益が出ているか否かを見るだけでなく，キャッシュ・フロー計算書でお金の増減も見なければなりません。キャッシュ・フロー計算書の構成は次のようになりますが，下から3つ目の現金及び現金同等物の増減額が，最終的なお金の増減を示すものです（現金同等物は，お金に含めて考えていいものとイメージしておいて下さい）。

キャッシュ・フロー計算書の構成

```
営業活動によるキャッシュ・フロー
投資活動によるキャッシュ・フロー
財務活動によるキャッシュ・フロー
現金及び現金同等物に係る換算差額
現金及び現金同等物の増減額
現金及び現金同等物の期首残高
現金及び現金同等物の期末残高
```

現金及び現金同等物の増減額の上で,お金の増減の原因が示されます。営業活動によるキャッシュ・フローでは,文字どおり営業活動によるお金の増減が示されるのですが,これと損益計算書の営業利益とは通常一致しません。投資活動によるキャッシュ・フローでは,資産の取得や売却などによるお金の増減が,財務活動によるキャッシュ・フローでは,お金を集めたり,返したりすることによるお金の増減が示されます。キャッシュ・フロー計算書にも,実際はたくさんの科目が並んでいますが,まずこの構成をとらえるようにして下さい。

なお,損益計算書では当期純利益だけでなくほかの利益も重要だといいましたが,キャッシュ・フロー計算書においても,現金及び現金同等物の増減額だけでなく,それぞれの活動によるお金の増減も重要です。詳しくは後であらためて説明しますが,現金及び現金同等物の増減額がプラスであったとしても,営業活動によるキャッシュ・フローがマイナスの場合は注意が必要になります。

●●● まとめ ●●●

- 株式投資に活かす財務諸表の読み方とは，財務諸表を読んで，その会社が今後成長する可能性が高いかどうかを見分ける方法。
- 財務諸表は会社の姿と能力を表すものであり，財務諸表の全体をとらえなければ，その会社の姿と能力をとらえることはできない。そして，財務諸表の全体をとらえられるようになるためには，実際の財務諸表を読まなければならない。
- 損益計算書は，会社がどのくらい利益（＝収益－費用）を得たのか，そして，どのようにして得たのかを表したもの。
- 損益計算書は，利益の増減の原因（収益の増減 or 費用の増減）を考えながら読む。また，当期純利益だけでなくほかの利益も重要。
- 貸借対照表は，会社がどれだけのモノを保有しているのか，そして，それを得るためのお金はどのようにして集めたのかを表したもの。
- 貸借対照表で初めに見るのは純資産の割合。会社に余裕があるか否か（返済に追われていないか）を確認する。
- キャッシュ・フロー計算書は，会社でお金の出入りがどれだけあり，その結果，会社にどれだけお金があるのかを表したもの。
- キャッシュ・フロー計算書の現金及び現金同等物の増減額が，最終的なお金の増減を示すもの。その上でお金の増減の原因が示される。

第2章 回転寿司チェーン（くらコーポレーション）の財務諸表を読む

　この章から実際の財務諸表を読んでいきます。ここで読むのは，株式会社くらコーポレーション（銘柄コード：2695）の平成19年10月期（平成18年11月1日～平成19年10月31日）の財務諸表です。

（1）実は高価な？回転寿司

　前の章で財務諸表を読むに当たっては，まず全体をとらえる，そして，重要なところから読んでいくべきといいましたが，実際の財務諸表を読むに当たって，加えて心掛けて頂きたいのは，ただ数字を読むのではなく，どんなことをしている会社なのかをイメージしながら読むということです。そうしていくうちに，次第に数字を通して会社の様子が見えてくるようになります。

　初めのうちは，どんなことをしているのか，身近でイメージしやすい会社の財務諸表を読んでいこうと思います。この会社は，くら寿司という回転寿司チェーンを運営しています。食べにいかれたことがある方もいるのでは？

　回転寿司チェーンというと，どのようなイメージを抱かれるでしょうか。ちなみに筆者の実家も寿司屋なのですが（ただし，回転はしません），回転寿司チェーンというと，いろいろな設備（寿司を運んでくるベルト・コンベアーをはじめ）のある大きな店舗（駐車場も広い）をあちこちに（主に郊外に）出店しているというイメージがあります。あと，やはり何といっても安いということでしょう。しかし，後で説明しますが，それはあくまで回転しない寿司屋と比べればということです。回転寿司は本当に安いといえるのでしょうか。

（2）損益計算書を読む

　まず当期純利益を見ます。きちんと1,562,019千円得ることができています。

　次に上から順にその当期純利益をどのようにして得たのかを見ていきます。売上高が48,471,012千円ですが，平成18年11月1日から平成19年10月31日までの1年間にこれだけくら寿司の寿司が食べられたということです（もちろん飲み物なども含みますが）。

　それに対して，売上原価は23,833,305千円ですが，そのほとんどは寿司になる前の魚やお米などの金額です。したがって，売上総利益は，売上高48,471,012千円－売上原価23,833,305千円＝24,637,706千円となります。

　売上高と売上原価を比べて，原価の倍で売っているのか！と思われるかもしれません。しかし，販売費及び一般管理費が21,844,295千円と売上原価とほぼ同じだけ発生し，営業利益は，売上総利益よりもぐっと減って，売上総利益24,637,706千円－販売費及び一般管理費21,844,295千円＝2,793,410千円となります。**原価の倍くらいの価格にしないと，経営が成り立たないのです。**

　回転寿司はそれほど安くないのですね。回転寿司はファーストフードの1つですが（実家が回転しない寿司屋の筆者の感覚としては），同じファーストフードのマクドナルドは本当に安いといえます（原価に近い価格で販売している）。なぜそうした違いが生じるのかについては，後で日本マクドナルドホールディングス株式会社の財務諸表を読みますので，そのときにあらためて説明することにします。

　販売費及び一般管理費の内訳を見て下さい。回転寿司チェーンの営業活動において，材料以外にどのようなものが必要になるのかを確認します。一番大きいのは給与及び手当です。当然ですが，働く人がいなければ，事業は行えません。次は賃借料です。くら寿司の設備は，すべて自前のものとは限らないのです。

　なお，内訳のほとんどはイメージできるかと思いますが，役員賞与引当金繰入額と減価償却費についてはピンとこないかもしれません。これについては後であらためて説明します。

◀第2章　回転寿司チェーン（くらコーポレーション）の財務諸表を読む▶

くらコーポレーションの損益計算書

区　分	金　額（千円）	
Ⅰ　売上高		48,471,012
Ⅱ　売上原価		❶ 23,833,305
売上総利益		24,637,706
Ⅲ　販売費及び一般管理費		
1．広告宣伝費	305,125	
2．役員報酬	75,165	
3．給与及び手当	❷ 11,229,018	
4．役員賞与引当金繰入額	12,000	
5．福利厚生費	414,423	
6．賃借料	❸ 3,728,577	
7．消耗品費	1,041,113	
8．水道光熱費	1,432,646	
9．支払手数料	722,885	
10．減価償却費	997,652	
11．その他	1,885,688	❹ 21,844,295
営業利益		2,793,410
Ⅳ　営業外収益		
1．受取利息	34,801	
2．受取手数料	112,216	
3．物販収入	53,332	
4．雑収入	10,193	210,543
Ⅴ　営業外費用		
1．支払利息	❺ 10,754	
2．雑損失	3,333	14,087
経常利益		❻ 2,989,865
Ⅵ　特別利益		
1．貸倒引当金戻入益	8,400	
2．賃貸契約解約益	15,000	
3．租税還付金等	19,042	42,442
Ⅶ　特別損失		
1．固定資産除却損	19,704	
2．店舗閉鎖損失	❼ 249,326	
3．その他	2,234	271,264
税引前当期純利益		2,761,044
法人税，住民税及び事業税	1,192,163	
法人税等調整額	6,861	1,199,025
当期純利益		1,562,019

❶ 原価の倍の価格で寿司を販売
❷ 人件費が最も大きい
❸ 借りている設備もある
❹ 売上原価とほぼ同額（寿司の価格は原価の倍にせざるを得ない）
❺ 借入金が少ない
❻ 営業外収益＞営業外費用のため，営業利益よりも大きくなった
❼ 利益の出ない店舗は閉鎖

営業外収益と営業外費用を見ると，営業外収益と比べて営業外費用が少なく，経常利益は，営業利益2,793,410千円＋営業外収益210,543千円－営業外費用14,087千円＝2,989,865千円と，営業利益よりも大きくなりました。営業外収益と営業外費用は，主にお金の貸し借りや運用を通じて発生したものです。営業外費用の内訳を見ると，支払利息がメインですが，これが少ないということは，借入金が少ないということです。

　特別利益と特別損失を見ると，特別損失がかなり発生していて，税引前当期純利益は，経常利益2,989,865千円＋特別利益42,442千円－特別損失271,264千円＝2,761,044千円と，経常利益よりも少なくなってしまいました。特別損失の内訳を見ると，固定資産除却損，店舗閉鎖損失とあります。利益が得られない店舗（あまりお客さんが入らず，販売費及び一般管理費をまかなえないため）をやむなく閉鎖した際に発生したものでしょう。これは，会社の通常の活動によってではなく，予想外の特別な原因によって発生したものといえます（閉鎖を予想して出店するはずがありません）。

　なお，特別利益の中に，販売及び一般管理費の役員賞与引当金繰入額と同じ「引当金」が付いた貸倒引当金戻入益というのがありますが，これについては後であらためて説明します。

　そして，最後に税引前当期純利益から税金を引くと，当期純利益1,562,019千円となります。

（3）貸借対照表を読む

　まず純資産の割合を見ると，負債純資産合計16,354,641千円（もちろん資産合計と同額）に対して純資産合計は11,266,014千円で，かなり余裕がありそうです。ちなみに，損益計算書を見たとき，支払利息が少ないので，借入金が少ないといいました。負債の中を見てみると，借入金と付くのは，1年以内返済予定の長期借入金と長期借入金の2つですが，確かにそれらの額は小さいようです。

　資産と負債を見ると，資産は流動資産と固定資産に，負債は流動負債と固定

◀第2章 回転寿司チェーン（くらコーポレーション）の財務諸表を読む▶

くらコーポレーションの貸借対照表

区　分	金額（千円）	区　分	金額（千円）
（資産の部）		（負債の部）	
Ⅰ　流動資産 ❶		Ⅰ　流動負債 ❺	
1．現金及び預金	2,005,220	1．買掛金	2,109,935
2．原材料　❷	100,790	2．1年以内返済予定の長	❻　205,000
3．貯蔵品	17,890	期借入金	
4．前払費用	322,226	3．未払金	1,709,111
5．繰延税金資産	69,424	4．未払法人税等	656,000
6．その他	192,607	5．未払消費税等	223,879
流動資産合計	2,708,159	6．預り金	22,888
Ⅱ　固定資産　❸		7．前受収益	1,227
1．有形固定資産		8．役員賞与引当金	12,000
(1) 建物	5,656,100	9．その他	11,537
(2) 構築物	500,589	流動負債合計	4,951,580
(3) 機械及び装置	695,284		
(4) 車両運搬具	153	Ⅱ　固定負債　❼	
(5) 工具器具及び備品	507,957	1．長期借入金	❽　131,250
(6) 土地	813,039	2．預り保証金	5,797
(7) 建設仮勘定	91,269	固定負債合計	137,047
有形固定資産合計	❹　8,264,393	負債合計	5,088,627
2．無形固定資産		（純資産の部）	
(1) ソフトウェア	88,196	Ⅰ　株主資本	
(2) 電話加入権	8,271	1．資本金	2,005,329
無形固定資産合計	96,467	2．資本剰余金	
3．投資その他の資産		(1) 資本準備金	2,334,384
(1) 関係会社株式	153,764	資本剰余金合計	2,334,384
(2) 長期貸付金	2,143,085	3．利益剰余金	
(3) 長期前払費用	469,775	(1) 利益準備金	83,675
(4) 繰延税金資産	13,153	(2) その他利益剰余金	6,843,114
(5) 差入保証金	2,486,382	利益剰余金合計	6,926,789
(6) 保険積立金	19,460	4．自己株式	△489
投資その他の資産合計	5,285,621	株主資本合計	11,266,014
固定資産合計	13,646,482	純資産合計	❾　11,266,014
資産合計	16,354,641	負債純資産合計	16,354,641

❶ 早く動くもの
❷ 寿司になる魚やお米など（いつまでも残っていると問題）
❸ 遅く動くもの
❹ 額が大きい（いろいろな設備のある大きな店舗）
❺ 早く動くもの（負債の割合が高いと厳しいが，この割合が高いとより厳しい）
❻ 借入金は少ない
❼ 遅く動くもの
❽ 借入金は少ない
❾ 純資産の割合が高く，余裕があると言える

負債に分けられています。ここでは，とりあえず，流動は動くのが早いもの，固定は動くのが遅いものとイメージしておいて下さい。

　流動資産の初めにある現金及び預金は，日々入ってきたり，出ていったりと早く動くものです。しかし，預金のうち流動資産に分けられるのは普通預金や当座預金などで，定期預金など早く動かすことができない（すぐには使えない）ものは固定資産に分けられます。

　流動資産の2番目にある原材料は，寿司になる魚やお米などです。早く寿司にしなければならないもので，当然，早く動くものです。早く動かずにいつまでも残っていたら，良くないですよね（新鮮でなくなりますし，最悪の場合，使えなくなってしまいます）。

　固定資産の有形固定資産には，建物など長期間使い続けるものが並んでいるのですが，やはりその額は大きいようです。寿司を運んでくるベルト・コンベアーは，構築物の中にあるのでしょうか？

　負債の方ですが，流動負債は早く返さなければならないもの，固定負債は返すのが遅くてもいいものとイメージしておいて下さい。先ほど触れた借入金のうち，1年以内返済予定の長期借入金は流動負債に，長期借入金は固定負債に分けられています。借入金のうち早く返さなければならないものは短期借入金として流動負債に，返すのが遅くてもいいものは長期借入金として固定負債に分けられるのですが，長期借入金のうち返済期限が1年以内になったものは，1年以内返済予定の長期借入金として流動負債に分けられるのです。

　なお，負債の割合が高いと，返済に追われて余裕がないといえるのですが，**さらに負債のうち流動負債の割合が高いと，返済の期限が迫っていて一層余裕がないといえます。**

　貸借対照表には，ご覧のとおり，ほかにもたくさんの数字が並んでいますが，今回はここまでにしておきます。一度に全部説明しますと，消化不良を起こされるかと思いますので，この後の章で少しずつ説明していきます。

◀第2章 回転寿司チェーン（くらコーポレーション）の財務諸表を読む▶

● 用 語 解 説 ●

棚卸資産

　流動資産の中の原材料のようなものを棚卸資産といいます。棚卸資産には，原材料のほか，商品，製品，仕掛品なども含まれます。消費者に販売するために所有しているもののことであり，在庫といわれるものです。ちなみに，原材料は，商品や製品を造るもととなるもの，商品は，そのまま販売するために仕入れたもの，製品は，自社で造ったものであり，製造業などの会社が所有するもの，仕掛品は，造りかけの製品のことです。

　寿司になる魚やお米などについて，早く動かずにいつまでも残っていたら，良くないといいましたが，棚卸資産の額が増えている場合は，注意しなければなりません。棚卸資産が増えているのは，それが順調に販売されていないからです。棚卸資産は，後で販売できればいいのですが，販売されないまま時間が経つと，それに対する需要がなくなり，販売できなくなってしまいます。最悪の場合，処分しなければならなくなり（不良在庫），特別損失（商品廃棄損など）が発生することになります。棚卸資産は，販売が見込まれるものだけを所有して，余分なものは所有しないようにすべきだといえます。

（4）キャッシュ・フロー計算書を読む

　まず現金及び現金同等物の増加額を見ると，プラス657,128千円です（損益計算書の当期純利益は1,562,019千円）。各キャッシュ・フローを見ると，営業活動によるキャッシュ・フローはプラス3,486,372千円ですが（損益計算書の営業利益は2,793,410千円，経常利益は2,989,865千円），投資活動によるキャッシュ・フローがマイナス2,619,089千円，財務活動によるキャッシュ・フローがマイナス210,240千円です。

　投資活動によるキャッシュ・フローのマイナスは，主に有形固定資産の取得によるものです。おそらく新規出店や店舗の改修などにお金を使ったのでしょう。損益計算書の特別損失を見たとき，店舗の閉鎖が多いことがわかりましたが，閉鎖する一方，新規出店も多いようです。

　財務活動によるキャッシュ・フローの中で最も額が大きいのは，長期借入金の返済による支出です。貸借対照表の流動負債の中にあった１年以内返済予定の長期借入金と同額です。毎期この金額を返済することになっているのでしょう。１番下に配当金の支払額とありますが，これは株主に対して支払った配当の額です。このように財務活動によるキャッシュ・フローを見ると，株主に対していくら配当を支払ったかがわかります。

　なお，投資活動によるキャッシュ・フローと財務活動によるキャッシュ・フローは，見ると，その内容がわかるかと思いますが，営業活動によるキャッシュ・フローの方は，よくわからないかと思います。営業活動によるキャッシュ・フローは計算方法が特殊なので，その意味（計算方法）については後であらためて説明しますが，棚卸資産の増減についてだけ少し触れておきます。棚卸資産の減少額がプラス4,357千円になっています。このように棚卸資産の減少は営業活動によるキャッシュ・フローのプラス要因になるのですが，逆に棚卸資産の増加はマイナス要因になります。なぜそうなるのかについても後であらためて説明しますが，**棚卸資産の増加は，営業活動によるキャッシュ・フローのマイナス要因となる点からも望ましくない**といえます。

◆第2章 回転寿司チェーン（くらコーポレーション）の財務諸表を読む▶

くらコーポレーションのキャッシュ・フロー計算書

区分	金額（千円）
Ⅰ 営業活動によるキャッシュ・フロー	
税引前当期純利益	2,761,044
減価償却費	1,036,664
貸倒引当金の減少額	△8,400
役員賞与引当金の増加額	12,000
受取利息	△34,801
支払利息	10,754
賃貸契約解約益	△15,000
固定資産除却損	14,803
店舗閉鎖損失	193,177
棚卸資産の減少額	❶ 4,357
その他流動資産の増加額	17,814
店舗釣銭用保証金の増加額	△4,260
仕入債務の増加額	322,897
未払消費税等の増減額	△41,906
その他流動負債の増加額	217,208
一括購入資産の減少額	28,078
その他	216,483
小計	4,730,916
利息の受取額	143
利息の支払額	△10,371
法人税等の支払額	△1,234,316
営業活動によるキャッシュ・フロー	❷ 3,486,372
Ⅱ 投資活動によるキャッシュ・フロー	
有形固定資産の取得による支出	❸ △1,493,943
有形固定資産の売却による収入	1,200
無形固定資産の取得による支出	△50,184
関係会社株式の取得による支出	△153,764
貸付による支出	△488,781
保証金の差入による支出	△367,751
保証金の回収による収入	33,547
その他の投資等の取得による支出	△107,811
その他の投資等の売却等による支出	8,400
投資活動によるキャッシュ・フロー	△2,619,089
Ⅲ 財務活動によるキャッシュ・フロー	
長期借入金の返済による支出	△205,000
株式の発行による収入	31,790
配当金の支払額	❹ △37,030
財務活動によるキャッシュ・フロー	△210,240
Ⅳ 現金及び現金同等物に係る換算差額	85
Ⅴ 現金及び現金同等物の増加額	❺ 657,128
Ⅵ 現金及び現金同等物の期首残高	1,348,091
Ⅶ 現金及び現金同等物の期末残高	2,005,220

❶ 棚卸資産が減少しているのでプラスに（逆に増加するとマイナスに）
❷ 営業活動によるキャッシュ・フローがプラスなので安心（マイナスの場合は要注意）
❸ 新規出店や店舗の改修などにお金を使っている
❹ 株主に対してこれだけ配当を支払っている
❺ 最終的にお金が増えている

●●● まとめ ●●●

- 実際の財務諸表を見るに当たっては，ただ数字を見るのではなく，どんなことをしている会社なのかをイメージしながら見る。
- 売上原価と同じくらいの販売費及び一般管理費が発生しているため（給与及び手当や賃借料が大きい），原価の倍くらいの価格で寿司を販売しなければならない。
- 支払利息（営業外費用）が少なければ，借入金（負債）も少ない。
- 貸借対照表の資産と負債は，流動（動くのが早いもの）と固定（動くのが遅いもの）に分けられる。流動負債は早く返さなければならないものなので，この額が大きいと厳しい。
- 原材料などの棚卸資産（流動資産）が増えている場合は，それが順調に販売されていないので，注意が必要。
- 資産の中の有形固定資産の額が大きい（いろいろな設備のある大きな店舗）。また，賃借料（販売費及び一般管理費）も発生している（自前の設備のほかに賃借している設備も）。
- 特別損失（固定資産除却損や店舗閉鎖損失）と投資活動によるキャッシュ・フロー（有形固定資産の取得）を見ると，利益の出ない店舗を閉鎖するとともに，新規出店を行っていることがわかる。
- 財務活動によるキャッシュ・フローを見ると，株主に対していくら配当を支払っているかがわかる。
- 棚卸資産の減少は営業活動によるキャッシュ・フローのプラス要因に，逆に棚卸資産の増加はマイナス要因になる。

◀第2章　回転寿司チェーン（くらコーポレーション）の財務諸表を読む▶

コラム　ベンチャー企業への投資と大企業への投資との違い

　ベンチャー企業と大企業，それぞれの株式への投資の間に何か違いがあるのでしょうか。あくまで一般的な傾向ですが，ベンチャー企業の株式への投資はハイリスク・ハイリターン，大企業の株式への投資はローリスク・ローリターンであるといえます。

　ベンチャー企業の株式への投資には，高いリスクが伴います。大企業は，既に事業が軌道に乗り，安定しているといえますが，ベンチャー企業は，今後事業が軌道に乗っていくかどうか不明確です。事業がいき詰まって倒産してしまうようなリスクは，大企業よりもベンチャー企業の方がずっと高いでしょう。

　しかし，ベンチャー企業が順調に成長していけば，その成長率は大企業よりも高くなります。大企業は既にある程度成長してしまっていますが，ベンチャー企業の成長はこれからです。したがって，ベンチャー企業の株式への投資は，上手くいけば，大企業の株式への投資よりも，多くのキャピタルゲインをもたらしてくれる可能性があります。株式投資におけるハイリスク・ハイリターンの原則です。

　ベンチャー企業の株式への投資は，高いリターンを得られる可能性と裏腹に，損失が生じるリスクが高いのですが，リスクを抑えることは可能です。株式を発行している会社の内容を理解して，成長する可能性が高いと思われる会社の株式に投資することによって，リスクを抑えることができるはずです。本書では，財務諸表を読むことによってリスクを抑える方法を説明しています。

　なお，現時点においてインカムゲインを得たいのであれば，大企業の株式に投資した方がいいでしょう。安定的に配当を行う会社の多くは，既に経営が安定している大企業だからです。それに対して，ベンチャー企業の多くは，これから成長するためにお金が必要で，配当にまわす余裕がないため，配当を行わないのです。

　ただし，現在は配当を行えている会社が，今後も引き続き行えるとは限りません。株主に対して支払われる配当はその会社の成長と連動するため，今後業績が悪くなれば，配当を行えなくなるかもしれません（逆に，現在は配当を行えていなくても，今後成長する可能性が高い会社であれば，今後は配当を行えるようになるかもしれない）。今後も継続的にインカムゲインを得たいのであれば，その会社が今後成長する可能性（あるいは，衰退してしまう恐れ）を見極める必要があります。

第3章 ワイン販売業（エノテカ）の財務諸表を読む

　この章で読むのは，エノテカ株式会社（銘柄コード：3049）の平成20年3月期（平成19年4月1日〜平成20年3月31日）の財務諸表です。

（1）品揃えが大切なワイン販売業

　この会社は，海外からワインを輸入して，それを国内で販売しています。直営店舗での販売や通信販売も行っているので，ここでワインを購入された方もいらっしゃるかもしれません。ちなみに筆者はワインをほとんど飲まないので，利用したことはありません（せいぜいたまにスーパーで一番安いワインを買って飲む程度です）。

　前の章で読んだのは回転寿司チェーンの財務諸表ですが，今回はワイン販売業の財務諸表です。販売するものが回転寿司からワインに変わると，財務諸表の方はどう変わるのでしょうか。今回はこの点を意識しながら財務諸表を読んで下さい。ワイン販売業ですと，様々な種類のワインを常に揃えておく必要がありますが，それは寿司になる魚やお米などよりも長期間の保存が可能です。また，回転寿司チェーンとは取引の方法や必要な設備などが異なります。そうした点は財務諸表にどのように表れるのでしょうか。

（2）損益計算書を読む

　当期純利益584,459千円をどのようにして得たのか，売上高から順に見ていきます。売上高11,082,199千円に対して売上原価が6,744,055千円で，売上総利益は，売上高11,082,199千円－売上原価が6,744,055千円＝4,338,144千円となります。6,744,055千円のワインを11,082,199千円で販売しているのですが，前回

の回転寿司チェーンと比べると，原価に対して価格は抑えられているようです。これはおそらく寿司よりも販売するのに手間がかからないからかもしれません。

前回の回転寿司チェーンでは，売上原価とほぼ同額の販売費及び一般管理費が発生していましたが，この会社では，売上原価6,744,055千円に対して販売費及び一般管理費は3,467,292千円で，営業利益は，売上総利益4,338,144千円

エノテカの損益計算書

区　分		金　額（千円）
Ⅰ　売上高		❶ 11,082,199
Ⅱ　売上原価		6,744,055
売上総利益		4,338,144
Ⅲ　販売費及び一般管理費		❷ 3,467,292
営業利益		870,851
Ⅳ　営業外収益		
1．受取利息	8,122	
2．為替差益	❸ 180,707	
3．家賃収入	23,193	
4．受取手数料	31,691	
5．その他	6,602	250,317
Ⅴ　営業外費用		
1．支払利息	50,405	
2．社債利息	16,721	
3．支払保証料	10,049	
4．株式交付費	7,349	
5．デリバティブ評価損	1,507	
6．その他	150	86,183
経常利益		❹ 1,034,986
Ⅵ　特別利益		
1．投資有価証券売却益	❺ 14,000	
2．商標権売却益	6,000	20,000
Ⅶ　特別損失		
1．固定資産除却損	29,815	
2．その他	302	30,118
税引前当期純利益		1,024,868
法人税，住民税及び事業税	463,492	
法人税等調整額	△ 23,083	440,408
当期純利益		584,459

❶ 回転寿司より価格が抑えられている
❷ 販売に手間がかかっていない
❸ 海外との取引があるため発生
❹ 営業外収益＞営業外費用のため，営業利益よりも大きくなった
❺ 売却目的でないものの売却のため，特別利益に

－販売費及び一般管理費3,467,292千円＝870,851千円となります。やはり，**寿司よりも販売するのに手間がかからないため，価格を抑えることができているようです。**販売費及び一般管理費の内訳が記載されていませんが，給与手当787,954千円，地代家賃546,425千円（店舗のフロアーは賃借），運賃224,927千円（ワインを運ぶのは大変そうです）が主なものです。

　営業外収益と営業外費用を見ると，営業外収益がかなり大きく，経常利益は，営業利益870,851千円＋営業外収益250,317千円－営業外費用86,183千円＝1,034,986千円と，営業利益よりもぐっと大きくなりました。その原因は何かというと，営業外収益の中の為替差益180,707千円です。

　ここでは営業外収益として為替差益が発生していますが，営業外費用として為替差損が発生することもあります。この会社は海外からワインを輸入しているため，為替相場の変動（円高や円安）があると，為替差益や為替差損が発生するのです。円高や円安が会社の業績に及ぼす影響について耳にしたことがあるかと思いますが，円高や円安が進むと，まずこの為替差益や為替差損が発生して，利益の額を大きくしたり，小さくしたりするのです。

　そして，特別利益が20,000千円，特別損失が30,118千円発生して，税引前当期純利益は，経常利益1,034,986千円＋特別利益20,000千円－特別損失30,118千円＝1,024,868千円となり，さらにこれから税金を引くと，当期純利益584,459千円となります。

　なお，特別利益の中に投資有価証券売却益とあります。市場で売却するために持っているほかの会社の株式などは，流動資産に（早く動かすので）有価証券と記載され，それを売却した場合の損益は，お金の運用を通じて発生したものなので，営業外費用か営業外収益になります。これに対して，市場で売却したりせず，長期間持っているほかの会社の株式などは固定資産に（遅く動かすので）投資有価証券と記載され，それを売却した場合の損益は，特別な事情によるものなので，このように特別損失か特別利益になるのです。

（3）貸借対照表を読む

　まず全体を見ると、負債純資産合計11,511,276千円（＝資産合計）に対して純資産合計が5,178,718千円なので、前の章でとり上げたくらコーポレーションほど純資産の割合は高くありません。

　資産の内訳を見ると、有形固定資産合計は1,708,686千円で、それほど額が大きくないようです。店舗のフロアーは賃借ですし、回転寿司チェーンほど大がかりな設備は必要ないのでしょう。ワインセラーはお金がかかりそうですが（ちなみに、建物887,097千円のうち437,065千円がワインセラーです）。

　流動資産を見ると、上から３つ目の商品（棚卸資産）の額が大きいことがわかります。これはもちろんワインです。やはり**様々な種類のワインを保有しておかなければならないため、このように額が大きくなるのでしょう**。高価なものも含まれているでしょうし、また、寿司になる魚やお米などよりも長期間の保存が可能です。

　商品の上に売掛金とありますが、これは、販売した商品やサービスの代金が後で支払われるというものです。回転寿司チェーンの場合、代金はその場ですぐに支払ってもらえるので（回転寿司チェーンでつけ払いはあり得ないですよね）、その貸借対照表にはありませんでした。しかし、この会社の場合、百貨店やホテルなどにワインをおさめているため、その貸借対照表に売掛金が表れるのです。店舗で販売したワインの代金はその場ですぐに支払ってもらえるのですが、百貨店やホテルなどに販売したものの代金は後でまとめて支払われるのです。

　また、売掛金と似たものに受取手形というものがあります。これは、商品やサービスを販売して、お金ではなく手形を受け取ったということで、売掛金とは性質が異なるのですが、売掛金と同様に、後で会社にそれだけのお金が入ってくるのだとイメージしておけばいいでしょう。

　なお、流動資産の一番下を見ると、貸倒引当金として1,730千円が引かれています。貸倒引当金とは、売掛金や貸付金から貸し倒れ（支払ってもらえない）

エノテカの貸借対照表

区　　分	金額（千円）	区　　分	金額（千円）
（資産の部）		（負債の部）	
Ⅰ　流動資産		Ⅰ　流動負債	
1．現金及び預金	2,627,659	1．輸入支払手形　❺	46,214
2．売掛金　❶	961,140	2．買掛金	774,394
3．商品　❷	2,330,404	3．一年以内返済予定長期	631,410
4．未着品	492,907	借入金	
5．貯蔵品	18,645	4．一年以内償還予定社債　❻	550,000
6．前渡金	2,839,546	5．未払金	189,853
7．前払費用	19,682	6．設備未払金	58,413
8．為替予約資産	52,159	7．割賦未払金	6,971
9．繰延税金資産	68,824	8．未払費用	72,560
10．その他	98,136	9．未払法人税等	286,857
貸倒引当金　❸	△ 1,730	10．前受金	784,164
流動資産合計	9,507,376	11．預り金	5,768
		12．賞与引当金	75,346
		13．ポイント引当金	23,921
		14．その他	1,166
		流動負債合計	3,507,042
		Ⅱ　固定負債	
		1．社債　❼	860,000
Ⅱ　固定資産		2．長期借入金	1,712,100
1．有形固定資産		3．長期割賦未払金	1,084
(1) 建物	887,097	4．退職給付引当金	91,605
(2) 器具及び備品	65,395	5．役員退職慰労引当金	131,090
(3) 土地	754,353	6．預り敷金・保証金	29,635
(4) 建設仮勘定	1,840	固定負債合計	2,825,514
有形固定資産合計　❹	1,708,686	負債合計	6,332,557
2．無形固定資産		（純資産の部）	
(1) ソフトウェア	1,590	Ⅰ　株主資本	
(2) 電話加入権	4,470	1．資本金	1,644,463
無形固定資産合計	6,060	2．資本剰余金	
3．投資その他の資産		(1) 資本準備金	1,634,463
(1) 長期前払費用	42,022	資本剰余金合計	1,634,463
(2) 敷金・保証金	154,282	3．利益剰余金	
(3) 繰延税金資産	91,087	(1) その他利益剰余金	1,899,791
(4) その他	1,760	利益剰余金合計	1,899,791
投資その他の資産合計	289,152	株主資本合計	5,178,718
固定資産合計	2,003,899	純資産合計　❽	5,178,718
資産合計	11,511,276	負債純資産合計	11,511,276

❶ 支払いが後になる　❷ 様々なワインを保有しておかなければならないため，額が大きい
❸ 売掛金から貸し倒れになる可能性が高い額を引いている　❹ 大がかりな設備は不要なため，額が小さい　❺ 支払いが後になる　❻ 社債のうち早く動くもの
❼ いつかお金を返すものなので負債になる
❽ 前の章のくらコーポレーションほど純資産の割合は高くない

になる可能性が高い金額を引くもので，ここでは，売掛金から貸し倒れになる可能性が高い金額を引いているのです。

　負債の方を見ると，流動負債の初めに，輸入支払手形，買掛金とありますが，買掛金は売掛金の，支払手形は受取手形の逆の性質のものです。すなわち，販売する商品やサービスの元となるもの（この会社ではワイン，回転寿司チェーンでは寿司になる魚やお米など）を購入した際に発生したもので，後で会社からそれだけのお金が出ていくのです。なお，この会社の場合，支払手形の頭に「輸入」が付いていますが，これは輸入取引に伴う特別なもので，通常は単に支払手形です。

　以上の売掛金，受取手形，買掛金，支払手形は，営業活動の流れの中で発生するものなので，流動に分けられます。当然早く動くはずのものですし，少なくとも早く動かなければならないものだからです。相手からいつまでも代金を支払ってもらえなかったり，こちらも相手に支払わなかったら，取引関係が成り立たなくなるはずです。

　買掛金の下を見ると，一年以内返済予定長期借入金，一年以内償還予定社債とあります。一年以内返済予定長期借入金は，前回説明したとおり長期借入金のうち返済期限が１年以内になったものですが，一年以内償還予定社債も同様に，社債のうち償還期限が１年以内になったものです。

　なお，社債は，借入金と同様にいつかお金を返すものなので，負債に分けられます。会社は，銀行などからお金を借りるほか，投資家に対して株式や社債を発行してお金を集めます。株式を発行して集めたお金は投資家に返しませんが，社債を発行して集めたお金は償還期限がきたら返さなければなりません。

　ちなみに，自社が発行した社債の流動負債と固定負債への分け方は以上のとおりですが，ほかの会社が発行した社債を持っている場合，償還期限が１年以内のものは有価証券として流動資産に，１年を超えるものは投資有価証券として固定資産に分けられます。

● 用語解説 ●

為替差損益

　損益計算書に出てきた為替差益（営業外収益）や為替差損（営業外費用）は，輸出入の代金の後払い（売掛金や買掛金など）から発生します。例えば，この会社が１ドル100円のときに100ドルのワインを海外から輸入したとします。代金が後払いだと，その時点では買掛金10,000円（＝１ドル100円×100ドル）が発生します。しかし，その後，円高が進み，１ドル50円になったとします。すると，支払うべき代金は5,000円（＝１ドル50円×100ドル）になり，買掛金10,000円と実際に支払うことになった代金5,000円との差額5,000円が為替差益になるのです。これは，輸入をしている場合，円高が進むと得をすることの例ですが，輸出をしている場合は，逆に円高が進むと損をすることになります。

◀第3章　ワイン販売業（エノテカ）の財務諸表を読む▶

（4）キャッシュ・フロー計算書を読む

　現金及び現金同等物の増加額を見ると，プラス114,490千円（損益計算書の当期純利益は584,459千円），各キャッシュ・フローを見ると，営業活動によるキャッシュ・フローがプラス63,923千円（損益計算書の営業利益は870,851千円，経常利益は1,034,986千円），投資活動によるキャッシュ・フローがマイナス363,299千円，財務活動によるキャッシュ・フローがプラス416,022千円です。

　投資活動によるキャッシュ・フローをマイナスにしているものとしては，やはり有形固定資産の取得による支出が大きいようです（新たにワインセラーを建設しています）。なお，初めの方を見ると，定期預金の預入による支出がキャッシュ・フローのマイナス，定期預金の払戻による収入がキャッシュ・フローのプラスとなっていて，少し変に思われるかもしれません。定期預金もお金なのですが，すぐに使うことができません（貸借対照表でも固定資産に）。キャッシュ・フロー計算書が示すのは，すぐに自由に使えるお金の増減なので，このようになるのです。

　財務活動によるキャッシュ・フローをプラスにしているのは，株式の発行による収入のようです。株式を発行すると，貸借対照表の純資産の中の資本金と資本準備金あるいは資本金のみ，その額が大きくなるのですが，実は，資本金と資本準備金の合計額を前期のものと比べると，この株式の発行による収入とほぼ同額増えています。

　なお，配当金の支払額がないため，配当を行っていないことがわかります。安定的に配当を行う会社の多くは，既に経営が安定している大企業です。それに対して，**ベンチャー企業の多くは，これから成長するためにお金が必要で，配当にまわす余裕がないため，配当を行いません**。この会社もまだベンチャー企業であり（昭和63年設立，平成18年大阪証券取引所ヘラクレス上場，平成20年東京証券取引所二部上場），これまで配当を行っていません（しかし，この次の期間には行いました）。

　営業活動によるキャッシュ・フローを見ると，棚卸資産が増加していて，

エノテカのキャッシュ・フロー計算書

区分	金額（千円）
I 営業活動によるキャッシュ・フロー	
税引前当期純利益	1,024,868
減価償却費	94,370
退職給付引当金の増加額	25,014
役員退職慰労引当金の増加額	20,926
賞与引当金の増加額	18,318
貸倒引当金の増加額	184
ポイント引当金の減少額	△ 12,986
受取利息	△ 8,122
支払利息	50,405
為替差損	2,156
社債利息	16,721
株式交付費	7,349
支払保証料	10,049
有形固定資産除却損	29,815
投資有価証券売却益	△ 14,000
商標権売却益	△ 6,000
デリバティブ評価損	1,507
売上債権の増加額　❶	△ 132,235
棚卸資産の増加額　❷	△ 385,500
仕入債務の減少額　❸	△ 127,124
未払金の増加額	27,626
未収消費税等の増加額	△ 10,152
未払消費税等の減少額	△ 46,842
その他	△ 9,468
小計	576,881
利息及び配当金の受取額	7,833
利息の支払額	△ 64,098
法人税等の支払額	△ 456,682
営業活動によるキャッシュ・フロー	63,923
II 投資活動によるキャッシュ・フロー	
定期預金の預入による支出　❹	△ 446,624
定期預金の払戻による収入　❺	462,496
有形固定資産の取得による支出　❻	△ 346,964
無形固定資産の取得による支出	△ 375
投資有価証券の売却による収入	14,000
商標権の売却による収入	6,000
敷金及び保証金の差入による支出	△ 19,986
敷金及び保証金の返還による収入	374
敷金の返還による支出	△ 20,919
敷金の預りによる収入	1,424
その他	△ 12,723
投資活動によるキャッシュ・フロー	△ 363,299
III 財務活動によるキャッシュ・フロー　❼	
長期借入金の借入による収入	1,000,000
長期借入金の返済による支出	△ 1,061,195
社債の償還による支出	△ 160,000
割賦債務の返済による支出	△ 20,764
株式の発行による収入　❽	668,477
その他	△ 10,495
財務活動によるキャッシュ・フロー	416,022
IV 現金及び現金同等物に係る換算差額	△ 2,156
V 現金及び現金同等物の増加額	114,490
VI 現金及び現金同等物の期首残高	2,088,543
VII 現金及び現金同等物の期末残高	2,203,034

❶ 売上債権が増加しているのでマイナスに（逆に減少するとプラスに）
❷ 棚卸資産が増加しているのでマイナスに（逆に減少するとプラスに）
❸ 仕入債務が減少しているのでマイナスに（逆に増加するとプラスに）
❹ すぐに使えなくなるのでマイナスに
❺ すぐに使えるようになるのでプラスに
❻ 新たにワインセラーを建設
❼ 株主に対して配当を支払っていない
❽ 増資を行っている

385,500千円のマイナスになっています。その上を見ると，売上債権の増加額がマイナス132,235千円になっています。売上債権とは，売掛金や受取手形のことです。売上債権の増加は営業活動によるキャッシュ・フローのマイナス要因に，売上債権の減少はプラス要因になります。売掛金が減るのは，代金を支払ってもらい，お金が入ってくるということなので，これはイメージしやすいのではないでしょうか。これに対して，買掛金や支払手形といった仕入債務は，逆に増加が営業活動によるキャッシュ・フローのプラス要因に，減少がマイナス要因になります（買掛金や支払手形が減るのは，代金を支払い，お金が出ていくということ）。棚卸資産の増加額の下に仕入債務の減少額があり，マイナス127,124千円になっています。

●●● まとめ ●●●

- 販売するのに手間がかからないため(販売費及び一般管理費がそれほど発生しないため),価格を抑えることができている。
- 様々な種類のワインを保有しておかなければならないため,商品(棚卸資産)の額が大きくなる。
- 海外との取引があると,為替差益(営業外収益)や為替差損(営業外費用)が発生する。
- 大がかりな設備は必要ないため,資産の中の有形固定資産の額がそれほど大きくない。
- 流動資産の中の売掛金と受取手形は,商品やサービスを販売した際に発生したもので,後で会社にそれだけのお金が入ってくるというもの。それに対して,流動負債の中の買掛金と支払手形は,販売する商品やサービスの元となるものを購入した際に発生したもので,後で会社からそれだけのお金が出ていくというもの。
- 財務活動によるキャッシュ・フローを見ると,株主に対して配当を支払っていないことがわかる(まだベンチャー企業のため)。
- 売上債権の増加は営業活動によるキャッシュ・フローのマイナス要因に,売上債権の減少はプラス要因になる。逆に,仕入債務の増加は営業活動によるキャッシュ・フローのプラス要因に,仕入債務の減少はマイナス要因になる。

◀第3章 ワイン販売業(エノテカ)の財務諸表を読む▶

コラム 株主資本等変動計算書と附属明細表

本書では,損益計算書,貸借対照表,キャッシュ・フロー計算書という3つの財務諸表の読み方を説明していますが,このほかにも2つの財務諸表があります。ここでは,その株主資本等変動計算書と附属明細表について触れておきます。

まず株主資本等変動計算書とは,当期中における純資産の変動要因を示すものです。純資産の変動要因には,利益や損失,株式の発行,配当の支払い,自己株式の取得や処分などがあります。それらの額がどれだけあり,純資産の額がどう変わったかを示すのです。

つぎに附属明細表とは,貸借対照表に記載される有形固定資産や借入金などの科目の明細を示すものです。有価証券明細表,有形固定資産等明細表,社債明細表,借入金等明細表,引当金明細表,資産除去債務明細表の6種類があります。

参考として,以下にエノテカ株式会社の平成20年3月期(平成19年4月1日~平成20年3月31日)の株主資本等変動計算書と借入金等明細表をあげておきます。

エノテカの株主資本等変動計算書

	株主資本							純資産合計
		資本剰余金		利益剰余金			株主資本合計	
	資本金	資本準備金	資本剰余金合計	その他利益剰余金		利益剰余金合計		
				別途積立金	繰越利益剰余金			
平成19年3月31日残高(千円)	1,306,550	1,296,550	1,296,550	300,000	1,015,332	1,315,332	3,918,432	3,918,432
事業年度中の変動額								
新株の発行	337,913	337,913	337,913				675,827	675,827
当期純利益					584,459	584,459	584,459	584,459
事業年度中の変動額合計(千円)	337,913	337,913	337,913	―	584,459	584,459	1,260,286	1,260,286
平成20年3月31日残高(千円)	1,644,463	1,634,463	1,634,463	300,000	1,599,791	1,899,791	5,178,718	5,178,718

エノテカの借入金等明細表

区分	前期末残高 (千円)	当期末残高 (千円)	平均利率 (％)	返済期限
短期借入金	—	—	—	—
1年以内に返済予定の長期借入金	497,570	631,410	2.14	—
1年以内に返済予定のリース債務	—	—	—	—
長期借入金（1年以内に返済予定のものを除く。）	1,907,135	1,712,100	2.08	平成21年～33年
リース債務（1年以内に返済予定のものを除く。）	—	—	—	—
1年以内に返済予定の割賦未払金	20,764	6,971	4.78	—
その他の有利子負債、割賦未払金	8,056	1,084	4.82	平成21年
計	2,433,525	2,351,566	—	—

第4章 学習塾（東京個別指導学院）の財務諸表を読む

　この章で読むのは，株式会社東京個別指導学院（銘柄コード：4745）の平成20年2月期（平成19年6月1日～平成20年2月29日）の財務諸表です。なお，この会社はもともと5月決算だったのですが，2月決算に変更したため，この期は特別に9か月間となっています（普通は1年間）。

（1）元手が要らない学習塾

　この会社は学習塾を運営しています。最近では学習塾に通ったことがない人の方がめずらしいようですので，この会社についてもイメージしやすいのではないでしょうか。ちなみに，この会社が運営しているのは，会社名からわかるように個人指導塾なのですが，最近はそうしたスタイルの塾が増えているようです（筆者は，先生と一対一なんて絶対に嫌ですが）。

　前の章でもいいましたが，販売する商品やサービスが異なれば，取引の方法や必要な設備などが異なり，財務諸表にも違いが表れてきます。今回もこの点を意識しながら財務諸表を見て下さい。学習塾が販売するものは何でしょうか，また，それを販売するために必要なものは何でしょうか。

（2）損益計算書を読む

　まず一番下の当期純利益を見ると，1,220,176千円です。では，これをどのようにして得たのか，上から順に見ていきます。

　売上高12,259,832千円に対して売上原価が7,248,065千円で，売上総利益は，売上高12,259,832千円－売上原価7,248,065千円＝5,011,766千円となります。売上高12,259,832千円は，平成19年6月1日から平成20年2月29日までに生徒か

東京個別指導学院の損益計算書

区　分	金　額（千円）	
I　売上高		❶ 12,259,832
II　売上原価		❷ 7,248,065
売上総利益		5,011,766
III　販売費及び一般管理費		
1．広告宣伝費	❸ 1,415,929	
2．役員報酬	84,984	
3．給与・手当	308,203	
4．賞与	27,552	
5．賞与引当金繰入額	17,241	
6．雑給	73,947	
7．地代家賃	60,834	
8．減価償却費	21,614	
9．求人費	❹ 241,958	
10．支払手数料	460,906	
11．リース料	103,170	
12．貸倒引当金繰入額	5,592	
13．その他	375,504	❺ 3,197,441
営業利益		1,814,325
IV　営業外収益		
1．受取利息	17,077	
2．受取配当金	❻ 38,933	
3．消費税等調整額	611	
4．受取手数料	104	
5．その他	5,751	62,477
V　営業外費用		
1．支払利息	❼ 5,544	
2．支払手数料	3,230	
3．自己株式取得手数料	2,794	
4．その他	577	12,147
経常利益		❽ 1,864,655
VI　特別利益		
1．投資有価証券売却益	❾ 302,338	302,338
VII　特別損失		
1．固定資産除却損	13,853	
2．賃貸契約解約損	303	14,156
税引前当期純利益		2,152,836
法人税，住民税及び事業税	928,688	
法人税等調整額	3,992	932,660
当期純利益		1,220,176

❶ これだけ授業料を得ることができた
❷ 教材費だけでなく，先生の給料や教室の家賃も含まれている
❸ 生徒確保のため重要　❹ 先生を集めることも重要
❺ 売上原価の約半分（生徒を教えること以外にはあまり手間がかからない）
❻ 所有している株式の発行会社からの配当金　❼ 借入金が少ない
❽ 営業外収益＞営業外費用のため，営業利益よりも大きくなった
❾ 株式の多くを売却したので，来期は受取配当金があまり発生しなくなる

◀第4章　学習塾（東京個別指導学院）の財務諸表を読む▶

ら（正確には生徒の親から）得た授業料の金額です。では，売上原価は何の金額でしょうか。

　回転寿司チェーンの場合は，寿司になる前の魚やお米などの金額，ワイン販売業の場合は，販売するために仕入れたワインの金額と，売上原価の内容はわかりやすかったと思います。それに対して，この学習塾の場合，売上原価の内容は少しわかりにくいかもしれません。

　生徒を教える際に使用する教材の金額でしょうか。それにしては少し高過ぎるようです。実はそれだけでなく，生徒を教える先生の給料や教室用に借りた部屋の家賃などの金額も含まれているのです。学習塾が販売するのは，勉強を教えるというサービスですが，その原価は様々なものから成り立っていると考えて，こうした内容にしているのです。

　販売費及び一般管理費は3,197,441千円で，営業利益は，売上総利益5,011,766千円－販売費及び一般管理費3,197,441千円＝1,814,325千円となります。販売費及び一般管理費は売上原価の半分ほどです。生徒に勉強を教えることには大変手間がかかりそうですが（生徒によるかと思いますが），それ以外にはそれほど手間がかからないのかもしれません。

　販売費及び一般管理費の中で群を抜いて多いのは広告宣伝費で，1,415,929千円も発生しています。確かに学習塾の広告は，テレビ，電車の中，新聞の折り込みチラシなど，よく目にします。学習塾にとって，生徒を確保するための広告宣伝はとても重要なのでしょう。

　なお，販売費及び一般管理費の中にも，役員報酬や給与・手当といった給料の金額や地代家賃がありますが，これらは，生徒を教える先生以外の方に対する給料（役員報酬は役員に対するもの，給与・手当は経理や総務など管理部門の方に対するもの）や教室以外の部屋などの家賃です。また，求人費が241,958千円とかなり発生しています。求人にこれだけ費用をかける会社はめずらしいかと思いますが（損益計算書に求人費という科目が記載されること自体がめずらしい），学習塾の場合，特に個人指導塾の場合，常に多くの先生（アルバイトの先生も含めて）を採用する必要があるのです（**生徒を集めることと同様に**

先生を集めることも重要）。

　営業外収益と営業外費用を見ると，どちらもそれほど大きな金額ではありません が，営業外収益の方が大きく，経常利益は，営業利益1,814,325千円＋営業外収益62,477千円－営業外費用12,147千円＝1,864,655千円と，営業利益よりも大きくなりました。営業外費用のメインは支払利息ですが，これが少ないので，借入金が少ないことがわかります。

　特別利益と特別損失を見ると，特別利益がかなり発生していて，税引前当期純利益は，経常利益1,864,655千円＋特別利益302,338千円－特別損失14,156千円＝2,152,836千円と，経常利益よりも大きくなりました。特別利益はすべて投資有価証券売却益です。営業外収益の中で最も多いのが受取配当金ですが，これは所有している株式の発行会社からもらった配当金です。所有していた株式の多くを売却したようなので，このまま新たに株式を取得しなければ，来期は受取配当金があまり発生せず，営業外収益は少なくなるはずです。

　そして，最後に税引前当期純利益から税金を引くと，当期純利益は1,220,176千円となります。

（3）貸借対照表を読む

　まず全体を見ると，負債純資産合計10,040,669千円（＝資産合計）に対して純資産合計が7,535,145千円なので，かなり余裕があるといえます。先ほど損益計算書のところで，支払利息が少ないので，借入金が少ないといいましたが，確かに流動負債の中の一年内返済予定長期借入金と固定負債の中の長期借入金（固定負債はこれだけ）の額は小さいようです。

　学習塾は元手が要らない事業といわれます。特別な設備は必要ないので，それほどお金がなくても始められるという意味です。回転寿司チェーンならば店舗や設備などに，ワイン販売業でもワインセラーなどにお金がかかりそうですが，**学習塾の場合，特にお金がかかりそうな設備は必要なさそうです。そのため，多くのお金を借りる必要性が低いのかもしれません。**

　確かに有形固定資産合計を見ると，316,913千円でとても小さな額です。教

◀第4章　学習塾（東京個別指導学院）の財務諸表を読む▶

東京個別指導学院の貸借対照表

区　　分	金額（千円）	区　　分	金額（千円）
（資産の部）		（負債の部）	
Ⅰ　流動資産		Ⅰ　流動負債	
1．現金及び預金	❶　7,465,635	1．買掛金	6,208
2．授業料等未収入金	❷　281,926	2．一年内返済予定	❺　330,000
3．教材	❸　567	長期借入金	
4．貯蔵品	1,403	3．未払金	583,275
5．前払費用	259,492	4．未払費用	556,772
6．繰延税金資産	87,399	5．未払法人税等	460,491
7．その他	42,033	6．未払消費税等	93,161
貸倒引当金	△　31,809	7．前受金	176,649
流動資産合計	8,106,649	8．預り金	56,277
Ⅱ　固定資産		9．賞与引当金	67,688
1．有形固定資産		流動負債合計	2,330,523
(1) 建物	220,312	Ⅱ　固定負債	
(2) 構築物	502	1．長期借入金	❻　175,000
(3) 車両運搬具	11,152	固定負債合計	175,000
(4) 器具備品	84,056	負債合計	2,505,523
(5) 土地	890		
有形固定資産合計	❹　316,913	（純資産の部）	
2．無形固定資産		Ⅰ　株主資本 ❼	
(1) ソフトウェア	32,668	1．資本金	642,157
(2) 電話加入権	34,395	2．資本剰余金 ❽	
無形固定資産合計	67,063	(1) 資本準備金	1,013,565
3．投資その他の資産		(2) その他資本剰余金	❾　221,079
(1) 投資有価証券	14,750	資本剰余金合計	1,234,644
(2) 出資金	65	3．利益剰余金 ❿	
(3) 長期前払費用	20,125	(1) 利益準備金	6,900
(4) 繰延税金資産	20,591	(2) その他利益剰余金	⓫　6,089,029
(5) 敷金・保証金	1,408,718	利益剰余金合計	6,095,929
(6) その他	85,791	4．自己株式	⓬　△　437,586
投資その他の資産合計	1,550,042	株主資本合計	7,535,145
固定資産合計	1,934,019	純資産合計	⓭　7,535,145
資産合計	10,040,669	負債純資産合計	10,040,669

❶ 先にお金が入ってくる　❷ これは売掛金
❸ 棚卸資産の額がとても小さい
❹ 特別な設備は不要なので，額がとても小さい　❺ 借入金は少ない
❻ 借入金は少ない（固定負債はこれだけ）
❼ 資産のうち株主の持分
❽ 株主が払い込んだもの
❾ これとその他利益剰余金が配当にまわせる額の目安に
❿ 利益を貯めたもの
⓫ 当期純利益が加えられる
⓬ 株主から自社の株式を取得すれば，株主のものはそれだけ小さくなる
⓭ 元手が要らない事業で，また，先にお金が入ってくるので，余裕がある

室用の部屋は賃借ですし，高価な設備もないようです（個人指導塾だと，パーテーションなどがかなり必要なのかもしれませんが，それでも特にお金はかからないでしょう）。

また，学習塾の場合，先にお金が入ってくるため，あまりお金に困らないということもあります。通常，授業を受ける前，申込時点で授業料を支払ってもらうからです。流動資産の上から2番目に授業料等未収入金とありますが，これは売掛金のことです（学習塾なので，あえてこういう表現にしているのでしょう）。こうした代金の後払いも少しあるようですが，これもすぐに支払われるものです。

なお，授業料等未収入金の下に教材とありますが，これも学習塾ならではの表現で，普通ならば商品などと記載されます。棚卸資産の額がとても小さいですが，これも特徴の1つといえます。

これまで資産と負債の内容には触れて，純資産の内容には触れてこなかったので，今回は少しだけ触れておきましょう。純資産を見ると，初めに株主資本と記載されていますが，このほかに評価・換算差額等と新株予約権という区分が記載される場合があります。その中のメインは株主資本で，まずこの意味を理解して頂きたいので，今回はこれについてのみ説明します。

株主資本とは，文字どおり株主のもので，会社にある資産の中で株主の持分はこれだけですよという意味です。その中を見ると，上から資本金，資本剰余金，利益剰余金に分けられています。

資本金と資本剰余金は株主が会社に払い込んだものです。株式を発行すると，資本金と資本剰余金の中の資本準備金あるいは資本金のみ，その額が大きくなります。資本金と資本準備金は，会社が株式を発行して，それを取得した者，すなわち株主が会社にお金を払い込んだ額です。その他資本剰余金は，資本金や資本準備金から振り替えられたものなどであり，元々は株主が会社に払い込んだものです。

それに対して，利益剰余金は利益を貯めたものです。損益計算書の最後に記載された当期純利益は，まずその他利益剰余金（その中の繰越利益剰余金）に

加えられます。資本金と資本剰余金は株主が会社に払い込んだものなので、株主のものであることは当然ですが、利益も株主のものであると考えます。会社は株主のものであり、そこで得られた利益も株主のものになるのです。

なお、資本剰余金は資本準備金とその他資本剰余金に、利益剰余金は利益準備金とその他利益剰余金に分けられています。資本準備金と利益準備金は、「準備」からイメージできるように、そのまま所有しておかなければならない額です。それに対して、その他資本剰余金とその他利益剰余金は、「剰余」からイメージできるように、余っている額であり、会社の外に出しても構わないものです。このその他資本剰余金とその他利益剰余金の額が、株主に対して支払うことができる配当の額の目安になります。

また、株主資本の一番下に自己株式とあって、437,586千円が引かれています。これは自社の株式を取得した額で、株主資本から引くのです。株式を発行すると、株主のものである株主資本が大きくなるのですが（資本金と資本準備金あるいは資本金のみ、その額が大きくなって）、逆に株主から自社の株式を取得してしまうと、それだけ株主のものは小さくなるのです。

● 用語解説 ●

分配可能額

　株主への配当や自己株式の取得は，無制限に行えるわけではありません。会社は，借入れや株式の発行によって資金を調達しています。株主への配当や自己株式の取得を無制限に行ってしまうと，借入れの返済に充てなければならない資金がなくなってしまうかもしれません。そのため，法律（会社法）で，株主への配当や自己株式の取得を行える額が決められています。

　株主への配当や自己株式の取得を行える額は分配可能額といい，それは会社の貸借対照表上の数字を用いて計算します。剰余金の額に調整を加えて計算するのですが，剰余金の額は，前期末時点におけるその他資本剰余金とその他利益剰余金に調整を加えて計算します。

◀第4章　学習塾（東京個別指導学院）の財務諸表を読む▶

（4）キャッシュ・フロー計算書を読む

　現金及び現金同等物の増加額を見ると，プラス4,831,831千円（損益計算書の当期純利益は1,220,176千円），各キャッシュ・フローを見ると，営業活動によるキャッシュ・フローがプラス1,844,158千円（損益計算書の営業利益は1,814,325千円，経常利益は1,864,655千円），投資活動によるキャッシュ・フローがプラス3,256,011千円，財務活動によるキャッシュ・フローがマイナス268,339千円です。

　損益計算書の特別利益に投資有価証券売却益がありましたが，投資活動によるキャッシュ・フローのプラスは，主に投資有価証券の売却によるものです。なお，上から5番目に敷金及び保証金の増加による支出，6番目に敷金及び保証金の返還による収入とありますが，これらは教室用の部屋の賃借に関わるもので，新たに部屋を借りる際に敷金及び保証金をおさめたり，これまで借りていた部屋を解約する際にそれらを返してもらったりしたものです。

　財務活動によるキャッシュ・フローをマイナスにしているものとしては，長期借入金の返済による支出が大きいようです。お金を借りる必要があまりないのか，返済するだけで，新たに借りることがないので，マイナスになっています。

　また，株主に対して配当を188,906千円支払っています。その他資本剰余金は221,079千円，その他利益剰余金は6,089,029千円ありましたし，大きな投資対象があるわけではないので，配当を行うのは当然でしょう（これで行わなければ，怒る株主が出てくるかもしれません）。

　営業活動によるキャッシュ・フローを見ると，売上債権（授業料等未収入金）が減少してプラス393,684千円に，棚卸資産（教材）も減少してプラス11,490千円になっています。**売上債権や棚卸資産の額が大きな会社の場合は，それらの増加額が大きくて，営業活動によるキャッシュ・フローがマイナスになることがあるため，注意が必要**なのですが，この会社の場合は大丈夫でしょう。

　なお，営業活動によるキャッシュ・フローの初めには，損益計算書の税引前

東京個別指導学院のキャッシュ・フロー計算書

区　　　分	金額（千円）
Ⅰ　営業活動によるキャッシュ・フロー	
税引前当期純利益　❶	2,152,836
減価償却費	63,596
長期前払費用償却	8,436
貸倒引当金の減少額	△ 7,348
賞与引当金の減少額	△ 28,145
受取利息及び受取配当金	△ 56,010
支払利息	5,544
支払手数料	3,230
自己株式取得に伴う支払手数料	2,794
固定資産除却損	13,853
投資有価証券売却益	△ 302,338
投資有価証券残余財産分配益	△ 148
売上債権の減少額　❷	393,684
棚卸資産の減少額	11,490
その他流動資産の増加額	△ 8,512
仕入債務の減少額	△ 4,127
前受金の増加額	50,013
未払消費税等の増加額	30,143
その他流動負債の増加額	437,782
小計	2,766,775
利息及び配当金の受取額	60,082
利息の支払額	△ 5,350
法人税等の支払額	△ 977,348
営業活動によるキャッシュ・フロー　❸	1,844,158
Ⅱ　投資活動によるキャッシュ・フロー	
投資有価証券の売却による収入	3,295,878
有形固定資産の取得による支出	△ 43,660
無形固定資産の取得による支出	△ 3,750
敷金及び保証金の増加による支出　❹	△ 17,652
敷金及び保証金の返還による収入　❺	37,996
長期前払費用の増加による支出	△ 6,310
出資金清算による収入	148
その他投資の取得による支出	△ 6,638
投資活動によるキャッシュ・フロー	3,256,011
Ⅲ　財務活動によるキャッシュ・フロー	
長期借入金の返済による支出　❻	△ 247,500
支払手数料の支出	△ 1,706
自己株式の処分による収入	558,271
自己株式取得による支出	△ 388,497
配当金の支払額　❼	△ 188,906
財務活動によるキャッシュ・フロー	△ 268,339
Ⅳ　現金及び現金同等物の増加額	4,831,831
Ⅴ　現金及び現金同等物の期首残高	2,133,804
Ⅵ　現金及び現金同等物の期末残高	6,965,635

❶ 税引前当期純利益に損益計算書と貸借対照表上の数値を足したり引いたりして営業活動によるキャッシュ・フローを計算

❷ これ以降が重要（貸借対照表上の営業活動に関係する流動資産・流動負債の対前期増減額をプラス・マイナス）

❸ 売上債権や棚卸資産の額が小さいので，それらの増加によるマイナスについてはあまり心配しなくていい

❹ 新たに部屋を借りる際におさめた

❺ 借りていた部屋を解約する際に返してもらった

❻ 返すばかりで新たに借りないので，財務活動によるキャッシュ・フローはマイナスに

❼ 株主に対してこれだけ配当を支払っている

◀第4章　学習塾（東京個別指導学院）の財務諸表を読む▶

当期純利益がきています。ざっと並んでいる科目を見ると，わかるかと思いますが，それに損益計算書と貸借対照表の様々な数値を足したり引いたりしています。こうした営業活動によるキャッシュ・フローの計算方法を間接法というのですが（これに対して直接法があるのですが，ほとんどの会社が間接法を採用），詳しくは「**コラム　財務諸表の作り方④　キャッシュ・フロー計算書の作り方**」をご覧下さい。ただし，重要で確認しなければならないのは，下の方に記載される，貸借対照表の流動資産と流動負債のうち営業活動に関係するもの（売上債権，棚卸資産，仕入債務など）の対前期増減額です。

●●● まとめ ●●●

- 売上原価には，生徒を教える際に使用する教材の金額だけでなく，生徒を教える先生の給料や教室の家賃などの金額も含まれている。
- 販売費及び一般管理費の中の役員報酬や給与・手当は，生徒を教える先生以外の方に対する給料，地代家賃は，教室以外の部屋などの家賃。
- 学習塾は元手が要らない事業。特別な設備は不要で（有形固定資産の額は小さい），多くのお金を借りる必要性が低いせいか，借入金が少ない。
- 学習塾の場合，先にお金が入ってくるため，お金を借りる必要性が低いということも，借入金が少ないことの要因。また，先にお金が入ってくるため，売上債権（この会社の場合は授業料等未収入金）の額も小さい。
- 棚卸資産（教材）の額も小さい。
- 株主資本とは，会社にある資産のうちの株主の持分。そのうち，資本金と資本剰余金は株主が会社に払い込んだもの，利益剰余金は利益を貯めたもの。
- その他資本剰余金とその他利益剰余金の額が，株主に対して支払うことができる配当の額の目安になる。
- 株主への配当にまわせる額が十分あり，大きな投資対象がないため，配当を行っている。
- この会社の場合，売上債権や棚卸資産の額が小さいので，それらの増加によるキャッシュ・フローのマイナスについてはあまり心配しなくていい。

◀第4章 学習塾（東京個別指導学院）の財務諸表を読む▶

コラム　財務諸表の作り方①　簿記とは？

　ここでは，どのようにして財務諸表が作成されるのかについて説明します。作り方までわかれば，より深く読むことができるようになりますので，ぜひここも読み進めて下さい（やはり作り方までわからないと，表面的な読み方しかできないと思うので）。

　なお，財務諸表の作り方の説明には，「簿記」や「仕訳」というものが出てきます。これらに抵抗感のある方がいるかもしれませんが，難しくありませんので，読み進めて下さい。あくまで財務諸表を読むために必要な範囲内で説明します。

　財務諸表のうち損益計算書と貸借対照表は，簿記という方法を用いて作ります。簿記とは，会社の活動を仕訳によって記録しておき，その記録に基づいて損益計算書と貸借対照表を作る方法です。そして，仕訳とは，左右に収益，費用，資産，負債，純資産の項目を同じ額で記載して，会社の活動を記録するものです（左側を借方，右側を貸方といいます）。

　例えば，商品を300万円で販売したが，代金は後払いであるといった場合，次のような仕訳によって記録します。右側に売上（収益），左側に売掛金（資産）を同じ300万円で記載しています（このように1つの活動について2つの項目を記載するため，この簿記のことを特に「複式」簿記といいます）。

売掛金　300万円　／　売上　300万円

　上の仕訳では収益を右側，資産の増加を左側に記載していますが，収益，費用，資産，負債，純資産を仕訳の左右どちらに記載するのかには，次のようなルールがあります。

仕訳のルール

収　益		右側に記載
費　用		左側に記載
資　産	増加する場合	左側に記載
	減少する場合	右側に記載
負　債	増加する場合	右側に記載
	減少する場合	左側に記載
純資産	増加する場合	右側に記載
	減少する場合	左側に記載

貸借対照表上，資産は左側，負債と純資産は右側に記載されます。資産，負債，純資産を仕訳の左右どちらに記載するのかについても，それと同様に考えます。資産の増加は左側，負債と純資産の増加は右側に記載します。減少はその逆です。

このように，資産，負債，純資産の仕訳における記載方法はわかりやすいかと思いますが，収益と費用の方はわかりにくいかもしれません。仕訳において，収益は右側に，費用は左側に記載します。これまで見てきた損益計算書では，上から順に収益，費用，利益と記載されていました（収益から費用を引いて利益を出すように）。そのため，貸借対照表の場合と異なり，損益計算書と関連付けて仕訳の記載方法を考えることができません。

損益計算書
収 益
費 用
利 益

しかし，損益計算書の構成には，これまで見てきたものとは別に次のようなものもあります。収益，費用，利益を上から順にではなく，貸借対照表のように左右に記載するのです。右側に収益，左側に費用，そして，両者の差額として左側に利益を記載します。

損益計算書	
費 用	収 益
利 益	

収益と費用の仕訳における記載方法は，この損益計算書の構成と関連付けて考えて下さい。なお，実は貸借対照表も，会社が公表するものには，資産，負債，純資産が左右にではなく，上から順に記載されています。しかし，上から順に記載された貸借対照表を見ても，その意味（資産＝負債＋純資産）を理解できないと思われるので，本書では左右に記載されたものを示して，説明しています。

ここではこのくらいにして，次のコラムで，実際の会社の活動がどのように仕訳によって記録されるのかについて説明することにします。

第5章 スポーツクラブ（ルネサンス）の財務諸表を読む

　この章で読むのは，株式会社ルネサンス（銘柄コード：2378）の平成21年3月期（平成20年4月1日～平成21年3月31日）の財務諸表です。

（1）体を鍛えるためにはお金がかかる？

　この会社はスポーツクラブを運営しています。この会社が運営するスポーツクラブの会員の方もいらっしゃるのではないでしょうか。実は筆者も，この会社が運営するスポーツクラブの会員のひとりです。とはいうものの，現在では週1回いくかどうかです。入会当初は週2回ほどいっていたのですが，2か月ほどで疲れてしまいました。

　このスポーツクラブの財務諸表は，前の章でとり上げた学習塾の財務諸表と比較しながら読んでみるといいでしょう。子供が勉強をする学習塾の財務諸表に対して，大人がスポーツをするスポーツクラブの財務諸表にはどのような特徴があるのでしょうか。それらの間には，どのような類似点や相違点があるのでしょうか。

（2）損益計算書を読む

　まず一番下の当期純利益を見ると，181,782千円です。では，これをどのようにして得たのか，上から順に見ていきます。

　売上高35,562,412千円に対して売上原価が33,170,979千円で，売上総利益は，売上高35,562,412千円－売上原価33,170,979千円＝2,391,432千円となります。学習塾よりも売上原価が高いようです。

　売上高のうち33,436,430千円がスポーツクラブの会員からの会費などによる

ルネサンスの損益計算書

区　　　分	金　　額（千円）	
Ⅰ　売上高		❶ 35,562,412
Ⅱ　売上原価		❷ 33,170,979
売上総利益		2,391,432
Ⅲ　販売費及び一般管理費		
1．広告宣伝費	76,439	
2．役員報酬	191,250	
3．従業員給料及び賞与	❸ 404,627	
4．賞与引当金繰入額	43,082	
5．役員賞与引当金繰入額	18,774	
6．法定福利費	83,141	
7．退職給付費用	12,927	
8．採用教育費	52,269	
9．旅費及び交通費	38,415	
10．減価償却費	132,006	
11．賃借料	❹ 150,088	
12．支払手数料	128,325	
13．事業税	87,290	
14．その他	172,575	❺ 1,591,204
営業利益		800,228
Ⅳ　営業外収益		
1．受取利息	31,593	
2．受取配当金	86	
3．受取手数料	23,447	
4．その他	51,326	106,454
Ⅴ　営業外費用		
1．支払利息	❻ 171,466	
2．その他	6,629	178,095
経常利益		❼ 728,586
Ⅵ　特別利益		
1．固定資産売却益	558	
2．貸倒引当金戻入額	3,371	
3．受取補償金	13,842	17,773
Ⅶ　特別損失		
1．固定資産売却損	365	
2．固定資産除却損	33,397	
3．貸倒引当金繰入額	18,400	
4．減損損失	130,105	
5．店舗閉鎖損失	65,889	
6．その他	53,465	301,622
税引前当期純利益		444,737
法人税，住民税及び事業税	302,996	
法人税等還付税額	△ 20,275	
法人税等調整額	△ 19,767	262,954
当期純利益		181,782

❶ このうち33,436,430千円がスポーツクラブの会費など，2,125,981千円が商品の販売によるもの　❷ このうち8,833,700千円が人件費，8,119,517千円が賃借料（学習塾と比べて，設備のためにお金がかかる）　❸ スポーツクラブ以外で働く方に対するもの　❹ スポーツクラブ以外の設備に関わるもの　❺ 売上原価よりはるかに小さな額（スポーツクラブの運営自体にお金がかかる）　❻ 借入金が多い
❼ 営業外収益＜営業外費用のため，営業利益よりも小さくなった

もの，2,125,981千円がスポーツ用品やプロテインなどの商品の販売によるものです。それに対して，売上原価のうち31,642,967千円がスポーツクラブの運営のためにかかったもの，1,528,011千円が販売した商品の原価です。

スポーツクラブの運営のためにかかった売上原価31,642,967千円のうち，8,833,700千円が人件費，8,119,517千円が賃借料，4,272,059千円が販売促進費，3,152,135千円が水道光熱費，1,644,336千円が設備維持管理費，1,623,355千円が減価償却費です。設備に関わるものが多いようです。学習塾は，特別な設備が必要なく，設備のためにあまりお金がかかりませんでした。それに対して，**スポーツクラブには，いろいろなマシンやスタジオ，プールといった特別な設備があり，設備のためにお金がかかるようです。**

なお，減価償却費は，土地以外の有形固定資産を所有していると発生する費用です。商品は，販売されて売上原価という費用に変わり，その数が減っていくのに対して，土地以外の有形固定資産は，使用されて減価償却費という費用に変わり，その価値が減っていくのです（詳しくは「**コラム　財務諸表の作り方②　会社の活動はどう記録されるか？**」を参照）。

販売費及び一般管理費は1,591,204千円で，営業利益は，売上総利益2,391,432千円－販売費及び一般管理費1,591,204千円＝800,228千円となります。販売費及び一般管理費は売上原価よりもはるかに小さな額です。やはりスポーツクラブの運営自体にお金がかかるようです。

販売費及び一般管理費のうち，広告宣伝費の額がそれほど大きくないようです。しかし，売上原価の中に販売促進費がありましたので，スポーツクラブの会員を集めるための費用は，両方を合わせた額と考えた方がいいでしょう。また，役員報酬や従業員給料及び賞与は，スポーツクラブ以外で働く方に対するもの，賃借料と減価償却費も，スポーツクラブ以外の設備に関わるものです。

営業外収益と営業外費用を見ると，経常利益は，営業外収益よりも営業外費用の方が大きく，営業利益800,228千円＋営業外収益106,454千円－営業外費用178,095千円＝728,586千円と営業利益よりも小さくなりました。支払利息の額が大きいため，借入金が多いようです。

特別利益と特別損失を見ると，税引前当期純利益は，経常利益728,586千円＋特別利益17,773千円－特別損失301,622千円＝444,737千円と，特別損失の額が大きいため，経常利益よりも小さくなりました。特別損失の中で最も額が大きいのは減損損失です。これも設備に関わるものなのですが，これについては後であらためて説明します。

　そして，最後に税引前当期純利益から税金を引くと，当期純利益は181,782千円となります。

（3）貸借対照表を読む

　まず全体を見ると，負債純資産合計24,516,558千円（＝資産合計）に対して純資産合計が8,489,887千円なので，あまり余裕はなさそうです。先ほど損益計算書のところで，支払利息の額が大きいので，借入金が多いようだといいましたが，流動負債を見ると，短期借入金と１年内返済予定の長期借入金，固定負債を見ると，長期借入金の額が大きいことがわかります。

　特別な設備が必要ない学習塾の場合，多くのお金を借りる必要性がないため，借入金の額は多くありませんでした。それに対して，**スポーツクラブの場合は，設備にお金がかかるため（１つのスポーツクラブを新たに開設するのに３億円以上のお金が必要），多くのお金を借りる必要があるのです。**

　確かに有形固定資産合計を見ると，その額が大きいことがわかります。また，投資その他の資産を見ると，有形固定資産合計と同じくらいの額の敷金及び保証金があります。これは，土地や建物を借りる際におさめたものです。

　流動資産を見ると，売掛金の額が小さいことがわかります。スポーツクラブの会費は，通常，毎月口座引落しにより自動的に支払われるので，売掛金の額は小さくなります。

　なお，この会費の支払方法が，この会社の経営にとって重要だと思われます。スポーツクラブの会員のうちきちんと通っている人は，実は少ないのではないでしょうか。きちんと通っている人よりも，筆者のようにたまに通う人，あるいはほとんど通っていない人の方が圧倒的に多いように思われます。しかし，

◀第5章　スポーツクラブ（ルネサンス）の財務諸表を読む▶

ルネサンスの貸借対照表

区分	金額（千円）	区分	金額（千円）
（資産の部）		（負債の部）	
Ⅰ　流動資産		Ⅰ　流動負債	
1．現金及び預金	1,253,032	1．支払手形	166,017
2．売掛金 ❶	668,545	2．買掛金	162,950
3．商品 ❷	443,294	3．短期借入金	1,850,000
4．貯蔵品	118,890	4．1年内返済予定の長期借入金 ❺	1,464,000
5．前払費用	811,823	5．リース債務	74,335
6．繰延税金資産	291,279	6．未払金	1,086,686
7．その他	159,300	7．未払費用	668,722
貸倒引当金	△ 15,016	8．未払法人税等	245,844
流動資産合計	3,731,150	9．未払消費税等	51,347
		10．前受金	812,252
		11．預り金	99,843
Ⅱ　固定資産		12．賞与引当金	404,830
1．有形固定資産		13．役員賞与引当金	18,774
(1)建物	5,266,691	14．設備関係支払手形	110,474
(2)構築物	362,552	15．設備関係未払金	28,451
(3)機械及び装置	222,761	16．その他	16,464
(4)車両運搬具	1,383	流動負債合計	7,260,995
(5)工具,器具及び備品	944,113	Ⅱ　固定負債	
(6)土地	552,059	1．長期借入金 ❻	5,640,000
(7)リース資産	2,058,935	2．リース債務	1,999,621
(8)建設仮勘定	24,580	3．長期未払金	196,496
有形固定資産合計 ❸	9,433,076	4．退職給付引当金	528,094
2．無形固定資産		5．長期預り保証金	400,526
(1)のれん	312,633	6．その他	937
(2)借地権	203,210	固定負債合計	8,765,675
(3)商標権	10,443	負債合計	16,026,671
(4)ソフトウェア	238,829	（純資産の部）	
(5)ソフトウェア仮勘定	5,174	Ⅰ　株主資本	
(6)その他	12,449	1．資本金	2,210,380
無形固定資産合計	782,739	2．資本剰余金	
3．投資その他の資産		(1)資本準備金	2,146,804
(1)投資有価証券	12,565	(2)その他資本剰余金 ❼	610,170
(2)長期貸付金	1,459,878	資本剰余金合計	2,756,974
(3)敷金及び保証金 ❹	8,037,086	3．利益剰余金	
(4)店舗賃借仮勘定	184,811	(1)利益準備金	69,375
(5)破産更正債権等	18,400	(2)その他利益剰余金	3,452,975
(6)長期前払費用	378,291	利益剰余金合計	3,522,350
(7)前払年金費用	21,802	4．自己株式	△ 79
(8)繰延税金資産	448,316	株主資本合計	8,489,625
(9)その他	39,310	Ⅱ　評価・換算差額等	
貸倒引当金	△ 30,960	1．その他有価証券評価差額金	262
投資その他の資産合計	10,569,591	評価・換算差額等合計	262
固定資産合計	20,785,407	純資産合計 ❽	8,489,887
資産合計	24,516,558	負債純資産合計	24,516,558

❶ 売掛金の額は小さい（会費は自動的に支払われる）　❷ 棚卸資産の額は小さい（商品販売の規模が小さい）　❸ 特別な設備が必要なため，額が大きい　❹ スポーツクラブのための土地や建物を借りる際におさめたもの　❺ 借入金が多い　❻ 借入金が多い
❼ これとその他利益剰余金の額から配当を行えそうであることがわかる
❽ これまで見た会社と比べると，あまり余裕がなさそう

そうした人達も，（自動的に？）会費を支払い続けるのです（しばらくしたらきちんと通おうと思いながら退会せず）。

また，棚卸資産（商品と貯蔵品）も小さな額です。先ほど見たように，商品の販売の規模が小さいので，棚卸資産の額は小さくなります。

（4）キャッシュ・フロー計算書を読む

現金及び現金同等物の増加額を見ると，637,348千円の増加です（損益計算書の当期純利益は181,782千円）。次に各キャッシュ・フローを見ると，営業活動によるキャッシュ・フローがプラス2,683,897千円（損益計算書の営業利益は800,228千円，経常利益は728,586千円），投資活動によるキャッシュ・フローがマイナス1,498,891千円，財務活動によるキャッシュ・フローがマイナス547,657千円です。

営業活動によるキャッシュ・フローは間接法で記載されています。売上債権と棚卸資産は，どちらも減少してプラスになっています。ただ，学習塾と同様，売上債権や棚卸資産の額が大きくないので，それらの増加によるキャッシュ・フローのマイナスについてはあまり心配しなくてもいいでしょう。

なお，営業活動によるキャッシュ・フローは，営業利益や経常利益よりもかなり大きな額ですが，その要因は減価償却費のようです。減価償却費はお金が出ていかない費用なので（有形固定資産を取得したときに既にお金は出ていっていて，それはそのときに投資活動によるキャッシュ・フローに記載されている），その額だけ利益よりもキャッシュ・フローの方が大きくなるのです（詳しくは「**コラム　財務諸表の作り方④　キャッシュ・フロー計算書の作り方**」を参照）。有形固定資産の額が大きな会社の場合，減価償却費の額も大きくなり，利益とキャッシュ・フローの乖離が生じることになります。

投資活動によるキャッシュ・フローのうち最も額が大きいのは有形固定資産の取得による支出，次は敷金及び保証金の差入による支出ですが，それらは新しいスポーツクラブの開設に伴うものです。それに対して，有形固定資産の売却による収入と敷金及び保証金の回収による収入は，既存のスポーツクラブの

◆第5章　スポーツクラブ（ルネサンス）の財務諸表を読む▶

ルネサンスのキャッシュ・フロー計算書

区　　　分	金額（千円）
I　営業活動によるキャッシュ・フロー	
税引前当期純利益	❶　444,737
減価償却費	❷　1,755,361
退職給付引当金の増加額	9,351
前払年金費用の減少額	19,042
長期未払金の増加額	117,496
賞与引当金の増加額	92,305
固定資産売却益	△ 193
固定資産除却損	33,397
減損損失	130,105
受取利息及び受取配当金	△ 31,679
支払利息	171,466
売上債権の減少額	❸　127,038
棚卸資産の減少額	68,206
前払費用の減少額	10,869
仕入債務の増加額	39,644
未払金の減少額	△ 7,728
未払費用の増加額	50,842
前受金の増加額	△ 130,192
未払消費税等の減少額	△ 20,558
その他	53,367
小計	2,932,881
利息及び配当金の受取額	4,528
利息の支払額	△ 166,836
法人税等の支払額	△ 86,675
営業活動によるキャッシュ・フロー	❹　2,683,897
II　投資活動によるキャッシュ・フロー	
投資有価証券の売却による収入	9,912
有形固定資産の取得による支出	❺ △1,044,594
無形固定資産の取得による支出	△ 57,571
有形固定資産の売却による収入	1,245
敷金及び保証金の差入による支出	△ 709,991
敷金及び保証金の回収による収入	231,777
その他	70,330
投資活動によるキャッシュ・フロー	△ 1,498,891
III　財務活動によるキャッシュ・フロー	
短期借入金の純減少額	❻ △2,160,000
長期借入れによる収入	2,800,000
長期借入金の返済による支出	△ 968,500
リース債務の返済による支出	△ 63,251
配当金の支払額	❼ △ 109,632
その他	△ 46,273
財務活動によるキャッシュ・フロー	△ 547,657
IV　現金及び現金同等物の増加額	637,348
V　現金及び現金同等物の期首残高	290,913
VI　合併に伴う現金及び現金同等物の増加額	360,894
VII　現金及び現金同等物の期末残高	1,289,156

❶ 間接法で記載

❷ 減価償却費はお金が出ていかない費用なのでプラス

❸ 売上債権や棚卸資産の額が小さいので，それらの増加によるマイナスについてはあまり心配しなくていい

❹ 減価償却費の額が大きいため，利益よりも大きくなっている

❺ 新たなスポーツクラブの開設に伴うもの

❻ 借入金を返済するとともに，新たに借入れを行っていることがわかる

❼ 継続的に配当を行う方針

閉鎖や統合などに伴うものですが，その額は大きくありません。損益計算書の特別損失の中に店舗閉鎖損失がありましたが，それもそれほど大きな額ではありませんでした。上手くいっているからなのかもしれませんが，飲食店などの店舗を閉鎖するのと異なり，スポーツクラブを閉鎖するのは簡単でないこともあるのかもしれません。

　財務活動によるキャッシュ・フローを見ると，借入金を返済するとともに，お金が必要なため新たに借入れを行っていることがわかります。また，株主に対して配当を支払っています。その他資本剰余金は610,170千円，その他利益剰余金は3,452,975千円あり，配当を行える状態にあるようでした。

　この会社は，大きな投資対象があり，お金が必要なのですが，継続的に配当を行うことを方針としています。これは投資家に対するアピールです。会社は，借入れによってだけでなく，株式の発行によってもお金を集めます。お金が必要だからといって配当を行わないでいると，投資家から，配当を得られそうにない魅力のない株式だと思われてしまい，株式の発行によってお金を集めることが困難になってしまうのです。

◆第5章　スポーツクラブ（ルネサンス）の財務諸表を読む▶

●●●まとめ●●●

- 学習塾と異なり，特別な設備が必要（有形固定資産や投資その他の資産の中の敷金及び保証金の額が大きい）。そのためにお金が必要なため（売上原価の中の賃借料や設備維持管理費などの費用もかかる），借入金が多い。
- 売上債権の額は小さい（スポーツクラブの会費は，通常，毎月口座引落しにより自動的に支払われるため）。
- 棚卸資産の額は小さい（商品販売の規模が小さい）。
- 売上債権や棚卸資産の額が小さいので，それらの増加によるキャッシュ・フローのマイナスについてあまり心配しなくてもいい。
- 減価償却費はお金が出ていかない費用なので，その額だけ利益よりもキャッシュ・フローの方が大きくなる。
- 投資活動によるキャッシュ・フローから，新たなスポーツクラブの開設を進めていることがわかる。
- 財務活動によるキャッシュ・フローから，借入金を返済するとともに，お金が必要なため新たに借入れを行っていることがわかる。
- お金が必要だが，配当は行っている（投資家に対するアピール）。

コラム 財務諸表の作り方②
会社の活動はどう記録されるか？

　ここでは，実際の会社の活動がどのように仕訳によって記録されるのかについて説明します。例えば，次のような魚屋を運営する会社があったとします。

① まず初めに株式を200万円発行して，魚屋を始めることにしました（現金（資産）の増加と資本金（純資産）の増加（今回は資本準備金を増やさずすべて資本金に））。

② 200万円だけでは資金が足りないと思われたので，銀行から更に200万円を借りることにしました（現金（資産）の増加と借入金（負債）の増加）。

③ 魚市場に行って，商品の魚を200万円分仕入れましたが，代金は後払いにしてもらいました（商品（資産）の増加と買掛金（負債）の増加）。

④ 50万円の冷蔵庫を現金払いで購入しました（器具備品（資産）の増加と現金（資産）の減少）。

⑤ 店頭で直接お客さんに120万円の魚を220万円で販売しました（220万円の売上（収益）が発生。そして，同額の現金（資産）が増加。また，120万円の商品（資産）が減少）。

⑥ レストランなどに50万円の魚を80万円で販売しましたが，代金は後払いにされました（80万円の売上（収益）が発生。そして，同額の売掛金（資産）が増加。また，こちらも50万円の商品（資産）が減少）。

⑦ パートの人達に給料30万円を現金で支払いました（30万円の給料（費用）が発生。そして，同額の現金（資産）が減少）。

⑧ 店舗の家賃として30万円を現金で支払いました（30万円の賃借料（費用）が発生。そして，同額の現金（資産）が減少）。

⑨ 借入金の利息として20万円を現金で支払いました（20万円の支払利息（費用）が発生。そして，同額の現金（資産）が減少）。

⑩ 借入金のうち100万円を返済することにしました（借入金（負債）の減少と現金（資産）の減少）。

⑪ 魚の仕入先に対して，後払いにしていた代金200万円のうち190万円を支払いました（買掛金（負債）の減少と現金（資産）の減少）。

金額にリアリティのないものがあるかもしれませんが，ご了承下さい。以上の活動を仕訳にすると，次のようになります。なお，わかりやすくするため，通常行われる処理とは少し変えてあります。

	仕訳（単位：万円）			
①	現　　　金	200	資 本 金	200
②	現　　　金	200	借 入 金	200
③	商　　　品	200	買 掛 金	200
④	器具備品	50	現　　金	50
⑤	現　　　金	220	売　　上	220
	売上原価	120	商　　品	120
⑥	売 掛 金	80	売　　上	80
	売上原価	50	商　　品	50
⑦	給　　　料	30	現　　金	30
⑧	賃 借 料	30	現　　金	30
⑨	支払利息	20	現　　金	20
⑩	借 入 金	100	現　　金	100
⑪	買 掛 金	190	現　　金	190

⑤と⑥では2つの仕訳が記載されています。魚の販売についての仕訳は大丈夫かと思います。売上（収益）が右側に，現金と売掛金（ともに資産の増加）が左側に記載されています。もう1つの仕訳では，左側に売上原価（費用），右側に商品（資産の減少）が記載されています。これは，販売した商品（資産）を売上原価（費用）に変えているのです。

また，こうした会社の活動を記録する仕訳に加えて，次のような仕訳も行います。

	仕訳（単位：万円）			
⑫	減価償却費	10	備品	10
⑬	貸倒引当金繰入額	10	貸倒引当金	10

⑫は減価償却の仕訳で，有形固定資産を費用に変えるとともに，その価値を減らしているのです。収益とは，会社が事業を行って得たものの額で，費用とは，その収益を得るために必要としたものの額です。有形固定資産も，使用されることによって収益の獲得に貢献します。そして，使用されるうちにその価値は減っていきます。商品の場合，販売されて費用（売上原価）に変わり，その数が減っていきますが，

有形固定資産の場合は，使用されて費用（減価償却費）に変わり，その価値が減っていくのです。ただし，有形固定資産のうち土地は例外で，使用してもその価値が減らないため，減価償却を行いません。

⑬は，貸倒引当金を計上する仕訳です。前に説明しましたが，貸倒引当金は，売掛金や貸付金から貸し倒れ（支払ってもらえない）になる可能性が高い金額を引くものです。ここでは，売掛金のうち貸し倒れになる可能性が高い金額について貸倒引当金を計上しています。貸倒引当金繰入額は費用ですが，これは収益を得るためにやむを得ず必要なものであると考えるためです（取引をしていると，どうしても多少の貸し倒れは生じてしまう）。なお，貸倒引当金は，貸借対照表では資産の方に記載して売掛金や貸付金からその金額を引きますが，負債なので，仕訳ではその増加は右側に記載します。

このように会社の活動は仕訳によって記録されます。そして，その仕訳を整理することによって損益計算書と貸借対照表が作成されるのですが，それについては次のコラムで説明することにします。

第6章 財務諸表はどこにあるか？

　本書では，投資家の方を対象として，株式投資に活かす財務諸表の読み方を解説していますが，その財務諸表はいったいどこにあるのでしょうか。財務諸表の読み方がわかったとしても，財務諸表を入手できなければ，読もうにも読むことができません。

（1）財務諸表はどこにあるか？

　本書を読まれている投資家の方は，どこで株式投資の参考にする情報を入手されているのでしょうか。日本経済新聞などの新聞，あるいは「会社四季報」（東洋経済新報社）や「日経会社情報」（日本経済新聞出版社）などを参考にされている方が多いのではないでしょうか。しかし，おわかりかと思いますが，それらに財務諸表は掲載されていません。

　まず新聞ですが，そこには決算発表を行った会社の売上や利益の額が掲載されるだけで，財務諸表そのものは掲載されません。決算発表の内容について記事にされるのも，ごく一部の著名な会社のうち業績が大きく変動したものなどに限られます。

　それに対して，「会社四季報」や「日経会社情報」にはすべての上場会社が掲載され，新聞よりは詳細な情報が掲載されます。しかし，財務諸表までは掲載されません。また，それらは年4回の発行なので，会社が発表した決算情報がすぐに掲載されるわけではありません。

　それでは，どこで財務諸表を入手したらいいのでしょうか。**実は財務諸表が掲載されるところは決められていて，決算短信や有価証券報告書に掲載されることになっています。**それらをご覧になったことはありますでしょうか。それ

らの名前だけは聞いたことがあっても，実際に利用したことがある方は多くないようです。ここでは，それらの概要と利用方法について説明することにします。

（2）決算短信とは？

　上場会社の決算発表というと，どのようなものをイメージされるでしょうか。テレビなどで上場会社の役員がテレビや新聞の記者を前に決算発表を行っている場面をご覧になったことがあるかと思います。多くの方がイメージされるのは，そうしたものではないでしょうか。しかし，あのように記者を前にして決算発表を行っているのは，ごく一部の著名な会社だけで，すべての上場会社が行っているわけではありません。記者が集まるのは，著名な会社の決算発表くらいです。

　それでは，多くの上場会社はどのようにして決算発表を行っているのかというと，決算短信という資料を開示する形で行っています。決算短信はすべての上場会社が開示するもので，決算期末後30日から45日程度で開示されます（3月決算の会社の場合は，4月末から5月15日頃に）。

　そして，**財務諸表は**，その決算短信に最初に掲載されるのです。決算短信が開示される前にどこかに財務諸表が掲載されることはありません（情報が漏れる以外は）。記者を前にして決算発表を行っている会社も，その前に，あるいはそれと同時に決算短信を開示しています。

　新聞には記者を前にした決算発表を行っていない会社の売上や利益の額も掲載されますが，それが掲載されるのは決算短信が開示された日の翌日です。新聞は決算短信を見て，翌日その情報を掲載するのです。

　決算短信には初めにサマリー情報が掲載され，その後に財務諸表とそれに関する会社の分析（なぜそうした数値になったのか？）が掲載されます。サマリー情報には，売上高と各利益，総資産と純資産，各キャッシュ・フローの額などが記載されます。新聞の記者などはサマリー情報を見て，面白そうな会社だと思えば（何らかの要因により業績がかなり良くなっている，逆にかなり悪くなっ

◀第6章 財務諸表はどこにあるか？▶

平成21年3月期決算短信（非連結）

平成21年5月11日

上場会社名　株式会社ルネサンス　　　　　　　　　　　　　上場取引所　東
コード番号　2378　　URL http://www.s-renaissance.co.jp/
代表者　　　（役職名）代表取締役社長執行役員　　（氏名）唐木　康正
問合せ先責任者（役職名）取締役執行役員最高財務責任者兼財務本部長　（氏名）中川　克夫　　TEL 03-5600-5312
定時株主総会開催予定日　平成21年6月25日　　配当支払開始予定日　平成21年6月26日
有価証券報告書提出予定日　平成21年6月25日

（百万円未満切捨て）

1．21年3月期の業績（平成20年4月1日～平成21年3月31日）

(1) 経営成績　　　　　　　　　　　　　　　　　　　　　　　　　　（％表示は対前期増減率）

	売上高		営業利益		経常利益		当期純利益	
	百万円	％	百万円	％	百万円	％	百万円	％
21年3月期	35,562	8.1	800	23.9	728	16.3	181	△21.8
20年3月期	32,906	5.0	645	△54.4	626	△53.0	232	△65.8

	1株当たり当期純利益	潜在株式調整後1株当たり当期純利益	自己資本当期純利益率	総資産経常利益率	売上高営業利益率
	円　銭	円　銭	％	％	％
21年3月期	8.70	－	2.2	3.3	2.3
20年3月期	11.65	－	3.0	3.2	2.0

（参考）持分法投資損益　21年3月期　－百万円　20年3月期　－百万円

(2) 財政状態

	総資産	純資産	自己資本比率	1株当たり純資産
	百万円	百万円	％	円　銭
21年3月期	24,516	8,489	34.6	397.12
20年3月期	19,985	7,808	39.1	391.21

（参考）自己資本　21年3月期　8,489百万円　20年3月期　7,808百万円

(3) キャッシュ・フローの状況

	営業活動によるキャッシュ・フロー	投資活動によるキャッシュ・フロー	財務活動によるキャッシュ・フロー	現金及び現金同等物期末残高
	百万円	百万円	百万円	百万円
21年3月期	2,683	△1,498	△547	1,289
20年3月期	1,103	△2,373	1,120	290

2．配当の状況

	1株当たり配当金					配当金総額（年間）	配当性向	純資産配当率
（基準日）	第1四半期末	第2四半期末	第3四半期末	期末	年間	百万円	％	％
	円　銭	円　銭	円　銭	円　銭	円　銭			
21年3月期	－	0.00	－	5.50	5.50	109	47.2	1.4
20年3月期	－	0.00	－	4.00	4.00	85	46.0	1.0
22年3月期（予想）	－	0.00	－	3.00	3.00		32.1	

3．22年3月期の業績予想（平成21年4月1日～平成22年3月31日）

（％表示は通期は対前期、第2四半期累計期間は対前年同四半期増減率）

	売上高		営業利益		経常利益		当期純利益		1株当たり当期純利益
	百万円	％	百万円	％	百万円	％	百万円	％	円　銭
第2四半期累計期間	18,150	5.2	150	△18.8	100	△45.9	△60	－	△2.81
通期	37,000	4.0	850	6.2	750	2.9	200	10.0	9.35

ているなど），その後の情報も見て，記事にとり上げたりします。参考として，前の章でとり上げたルネサンスの決算短信の1頁目を掲載しておきますので，ご覧下さい。

　新聞，「会社四季報」，「日経会社情報」などが有料であるのに対して，この決算短信は，インターネット上で，いつでも，無料で見ることができます。TDnet (Timely Disclosure network：適時開示情報伝達システム) というサイト上で見ることができるのですが，このサイトは，東京証券取引所などの取引所のホームページ上の「適時開示情報閲覧サービス」をクリックすると，見ることができます。開示日を含めて31日間に開示された決算短信を見ることができて，開示日，会社名，銘柄コードによる検索が可能です。

（3）有価証券報告書とは？

　すべての上場会社は，決算期末後3か月以内に有価証券報告書を開示します。この有価証券報告書にも財務諸表が掲載されます。決算短信に記載されるのは，ほぼ決算情報に限られますが，**有価証券報告書には，会社のほぼすべての情報が記載されます。**

　まず財務諸表が掲載されるのは，「第5　経理の状況」です。決算短信もそうなのですが，2期分の財務諸表が掲載されているので，前期分と比較しながら読むことができます。

　有価証券報告書には，このほかに財務諸表を読むに当たって参考となる様々な情報が記載されています。初めの方から見ていくと，「第1　企業の概況」の中の「1　主要な経営指標等の推移」には，5期分の売上高と各利益，総資産と純資産，各キャッシュ・フローなどの額の推移が記載されています。本書では1期分の財務諸表の読み方を解説していますが，会社の業績がどのように推移してきているのかをとらえることも重要です（成長しているのか？安定しているのか？衰退しているのか？など）。

　次に「3　事業の内容」には，会社が行っている事業の内容が（財務諸表は，どんなことをしている会社なのかをイメージしながら読む），「4　関係会社の

状況」には，会社の子会社と関連会社の内容が（親会社，自社を関連会社とする会社があれば，それらの内容も），記載されています。

有価証券報告書の構成

```
第1  企業の概況
    1  主要な経営指標等の推移
    2  沿革
    3  事業の内容
    4  関係会社の状況
    5  従業員の状況
第2  事業の状況
    1  業績等の概要
    2  生産，受注及び販売の状況
    3  対処すべき課題
    4  事業等のリスク
    5  経営上の重要な契約等
    6  研究開発活動
    7  財政状態，経営成績及びキャッシュ・フローの状況の分析
第3  設備の状況
    1  設備投資等の概要
    2  主要な設備の状況
    3  設備の新設，除却等の計画
第4  提出会社の状況
    1  株式等の状況
    2  自己株式の取得等の状況
    3  配当政策
    4  株価の推移
    5  役員の状況
    6  コーポレート・ガバナンスの状況等
第5  経理の状況
    1  連結財務諸表等
    2  財務諸表等
第6  提出会社の株式事務の概要
第7  提出会社の参考情報
    1  提出会社の親会社等の情報
    2  その他の参考情報
```

そして,「第2　事業の状況」の「1　業績等の概要」と「7　財政状態,経営成績及びキャッシュ・フローの状況の分析」には,財務諸表上の数値の分析が(なぜそうした数値になったのか?),「第3　設備の状況」には,会社が所有する主な設備の内容のほか,どのような設備投資を行ったのか,また,今後どのような設備投資を行う予定があるのかなどが(有形固定資産の額が大きな会社の場合は重要),記載されています。

　また,「第4　提出会社の状況」の「2　自己株式の取得等の状況」には,会社が行った自己株式の取得の内容が(多くの自己株式を取得している場合は重要),「3　配当政策」には,会社がどのような方針のもと配当を行うこととしているのかが(インカムゲインの取得に関心がある場合は重要),記載されています。

　なお,この有価証券報告書も,決算短信と同様,インターネット上で,いつでも,無料で見ることができます。EDINET(Electronic Disclosure for Investors' NETwork:金融商品取引法に基づく有価証券報告書等の開示書類に関する電子開示システム)というサイト上で見ることができるのですが,検索サイトで「EDINET」で検索すると引っ掛かります。ここでは,会社名で検索すると,その有価証券報告書などを見ることができます。

(4) 決算短信や有価証券報告書の利用方法

　財務諸表が掲載されている決算短信や有価証券報告書がどのようなものかについて説明してきましたが,株式投資に活かすためにはそれらをどのように利用したらいいのでしょうか。新聞,「会社四季報」,「日経会社情報」と併せた利用方法について考えてみます。

　まず「会社四季報」や「日経会社情報」にはすべての上場会社の概要が掲載されているため,どのような上場会社があるのかを調べるために利用するといいでしょう。そして,その中で気になった会社があれば,EDINETでその会社の有価証券報告書を見て,詳細な内容を調べることにします。

　気になっている会社の財務諸表をすぐに入手したい場合は,財務諸表は決算

短信に最初に掲載されるため，その会社が決算短信を開示する頃（決算期末後30日から45日頃），TDnetを確認するようにします。新聞には決算短信が開示された日の翌日にその情報が掲載されるため，新聞はどんな会社が決算発表を行ったのかを確認するために見ます（気になる会社の決算短信を見落としていないか？決算短信を見た方がいい会社はないか？）。そして，決算短信を見て，それに掲載された財務諸表についてより深く知りたいと思った場合は，決算短信の後（決算期末後3か月以内）に開示される有価証券報告書を見るようにします。

　なお，株式投資の参考にする情報を会社のホームページで入手することにされている方がいるかもしれません。しかし，会社のホームページには，財務諸表や，それが掲載されている決算短信や有価証券報告書が必ず掲載されているとは限りません。ホームページにはプラスの情報ばかり掲載して，マイナスの情報は掲載していない会社もあるかもしれません。**会社のホームページは，株式投資の参考にする情報を入手するためというよりも，その商品やサービスの詳細などを調べるために利用した方がいいでしょう。**

● 用語解説 ●

四半期決算短信と四半期報告書

　上場会社は決算短信のほかに四半期決算短信を，有価証券報告書のほかに四半期報告書を開示します。四半とは4分の1という意味であり，四半期とは，1年間の4分の1，すなわち3か月という意味です。したがって，3回，四半期決算短信と有価証券報告書を開示します（第1四半期，第2四半期，第3四半期の）。

　四半期決算短信は各四半期経過後30日ほどで開示され，四半期報告書は各四半期経過後45日以内に開示されることになっています。そして，そこには四半期ごとの財務諸表が掲載されます。四半期決算短信や四半期報告書が開示されるのは，年1回開示される決算短信や有価証券報告書だけでは株式投資の参考にする情報として十分ではないからです。

　なお，四半期財務諸表は，1年間の財務諸表が決算短信に最初に掲載されるのと同様，四半期決算短信に最初に掲載されます。また，四半期決算短信は決算短信と同様に TDnet 上で，四半期報告書は有価証券報告書と同様に EDINET 上で，いつでも，無料で見ることができます。それらの利用方法についても決算短信や有価証券報告書と同様に考えて構いません。

◀第6章 財務諸表はどこにあるか？▶

●●● まとめ ●●●

- 財務諸表は決算短信と有価証券報告書に掲載される（四半期財務諸表は四半期決算短信と四半期報告書に）。
- 財務諸表が最初に掲載されるのは決算短信（四半期財務諸表は四半期決算短信に）。
- 有価証券報告書には，財務諸表を読むに当たって参考になる様々な情報も記載されている。
- 決算短信は TDnet 上で（四半期決算短信も），有価証券報告書は EDINET 上で（四半期報告書も），いつでも，無料で見ることができる。
- 「会社四季報」や「日経会社情報」は会社の概要を調べるため，新聞は決算発表を行った会社を確認するために利用。財務諸表をすぐに入手したい場合は決算短信で，会社の詳細な情報は有価証券報告書で確認。

コラム 財務諸表の作り方③
損益計算書と貸借対照表の作り方

ここでは，仕訳からどのように損益計算書と貸借対照表が作成されるのかについて説明します。

前のコラムに出てきた①から⑬の仕訳上の項目を収益，費用，資産，負債，純資産ごとに整理すると（左右に記載された資産と負債は相殺），次のようになります。そして，これを分解すると，損益計算書と貸借対照表ができあがるのですが，

収益－費用＝利益＝資産－（負債＋純資産）＝20万円

となることを確認して下さい。

〈資産〉		〈負債〉	
現金	200	買掛金	10
売掛金	80	借入金	100
商品	30	貸倒引当金	10
器具備品	30	〈純資産〉	
		資本金	200
〈費用〉		〈収益〉	
売上原価	170	売上	300
給料	30		
賃借料	30		
減価償却費	20		
貸倒引当金繰入額	10		
支払利息	20		

この損益計算書と貸借対照表の関係を示すと，次のようになります。利益の額だけ純資産が大きくなるのです。前にいったように，純資産の中の株主資本のうち利益剰余金は利益を貯めたものであり，損益計算書の最後に記載された当期純利益は，利益剰余金の中のその他利益剰余金（その中の繰越利益剰余金）に加えられます。

貸借対照表		
資産 340	負債	120
	純資産 （利益	220 20）

⇐

損益計算書	
費用 280	収益 300
利益 20	

なぜこうなるのかというと，最終的な利益である当期純利益は，最終的に増加した資産の額を示すものだからです。もう一度，前のコラムに出てきた①から⑬の仕訳を見て下さい。収益と費用が記載された仕訳を見ると，収益の相手の項目は資産，費用の相手の項目は資産か負債となっているはずです（収益の相手の項目が負債となる場合もあるのですが，通常は資産）。

資産　／　収益
費用　／　資産 or 負債

収益とは，会社が事業を行って得たものの額，費用とは，その収益を得るために必要としたものの額であるといいましたが，次のようにいいかえることができます。収益とは，会社が事業を行って増加させた資産の額，費用とは，その収益を得るために減少させた資産の額であると（負債も後で資産を減少させる）。したがって，利益（＝収益－費用）は，資産の増加分から資産の減少分を引いたものなので，最終的な利益である当期純利益は，最終的に増加した資産の額を示すものになるのです。

なお，利益を得ることができれば，その額だけ純資産が大きくなりますが，収益よりも多くの費用が発生して，損失となってしまった場合は，その額だけ純資産が小さくなります。そして，損失が続いてしまうと，ついには純資産がマイナスとなり，負債が資産を上回った状態，すなわち債務超過になってしまうことがあります。

以上のように，会社の活動は仕訳によって記録され，その積み重ねによって損益計算書と貸借対照表が作成されます（実際は仕訳帳や元帳などの帳簿への記録（現在では通常コンピュータ上での処理）を経て作成）。この仕組みがわかれば，会社のある活動がどのように損益計算書と貸借対照表に影響を及ぼすのか（その活動を仕訳にしてみた上で）がわかるようになるはずです。

第7章 ユニクロ（ファーストリテイリング）の財務諸表を読む

　この章で読むのは，株式会社ファーストリテイリング（銘柄コード：9983）の平成20年8月期（平成19年9月1日〜平成20年8月31日）の財務諸表です。

（1）意外と厚利少売な？ユニクロ

　ご存じの方が多いかと思いますが，ユニクロを運営している会社です。ユニクロの商品をお持ちの方は結構多いのではないでしょうか。筆者は持ってないのですが，極度な寒がりなので，ヒートテックにはかなり惹かれます。

　ユニクロが販売するものは衣料品です。衣料品を販売する会社の財務諸表にはどのような特徴があるのでしょうか。また，ユニクロの売りは安さかと思いますが，果たして本当に安いといえるのでしょうか（同じく安さが売りの回転寿司は，本当に安いとはいえませんでした）。そうした点を意識しながら財務諸表を読んでみて下さい。

　なお，ユニクロを運営している会社の財務諸表なのですが，厳密にはユニクロの財務諸表とはいえません。それがどういうことなのかについても，財務諸表を読みながら，説明していきます。

（2）損益計算書を読む

　一番下の当期純利益43,529百万円をどのようにして得たのか，上から順に見ていこうと思いますが，今回はその前に当期純利益の1つ上を見て下さい。これまで見てきた損益計算書にはなかった少数株主利益という科目があります。これは連結損益計算書に記載されるものです。

　実は読むのは連結財務諸表です。連結財務諸表とは，会社が子会社を持って

◀第7章　ユニクロ（ファーストリテイリング）の財務諸表を読む▶

ファーストリテイリングの損益計算書

区　分		金　額（百万円）	
Ⅰ　売上高		❶	586,451
Ⅱ　売上原価			292,769
売上総利益			293,682
Ⅲ　販売費及び一般管理費		❷	206,189
営業利益			87,493
Ⅳ　営業外収益			
1．受取利息及び配当金	2,240		
2．その他	512		2,753
Ⅴ　営業外費用			
1．支払利息	1,635		
2．持分法による投資損失	❸ 379		
3．為替差損	❹ 2,001		
4．その他	530		4,547
経常利益		❺	85,698
Ⅵ　特別利益			
1．固定資産売却益	❻ 123		
2．子会社債務免除益	301		
3．貸倒引当金戻入益	212		
4．その他	388		1,027
Ⅶ　特別損失			
1．固定資産除却損	1,005		
2．店舗閉鎖損失	1,290		
3．減損損失	❼ 896		
4．構造改革費用	1,296		
5．その他	243		4,731
税金等調整前当期純利益		❽	81,994
法人税，住民税及び事業税	38,890		
法人税等調整額	△ 762		38,123
少数株主利益		❾	336
当期純利益			43,529

❶ これだけ衣料品を販売した
❷ 原価の倍で衣料品を販売しているが，販売するまでのプロセスにお金がかかっている
❸ 関連会社の業績が悪いために発生
❹ 海外との取引があると，為替差損や為替差益が発生
❺ 営業外収益＜営業外費用のため，営業利益よりも小さくなった
❻ 特別損失の固定資産除却損や店舗閉鎖損失とともに，店舗の閉鎖に伴い発生
❼ 価値が下落した固定資産の額を減らしている
❽ 下で税金だけでなく少数株主利益も引くため，税引前ではなく，税金等調整前
❾ 少数株主のものなので，連結の利益には含めずに引く

いる場合，その会社の財務諸表と子会社の財務諸表とをまとめて，グループの財務諸表としたものです。先ほど厳密にはユニクロの財務諸表とはいえないといったのは，ユニクロを運営している会社の数値だけでなく，ほかの事業を運営している会社の数値も含まれるからです（実は株式会社ファーストリテイリングは持株会社で，ユニクロを運営しているのは，その子会社。同社にはほかにユニクロ以外の事業を運営する子会社もある）。

少数株主利益の「少数株主」とは，子会社の自社以外の株主のことで（子会社の親会社である自社が「多数株主」），少数株主利益とは，子会社の利益のうち少数株主のものとなる部分のことです。少数株主がいる場合，子会社の利益がすべて自社グループの利益に含められるわけではなく，少数株主のものとなる部分を引かなければなりません（利益は株主のもの）。例えば，80%の株式を所有する子会社があり（ほかの20%の株式を所有する株主が少数株主），その利益が100万円の場合，20万円（＝100万円×20%）は少数株主のものなので，連結の当期純利益を算定する際，それを引くのです。

この少数株主利益336百万円は，子会社の少数株主のものなので，連結の当期純利益には含めず，引いているのです。なお，当然ですが，少数株主がいない場合，すなわち，子会社の株式をすべて所有している場合は，少数株主利益は発生しません。

それでは，連結損益計算書であることを踏まえて，上から順に当期純利益43,529百万円をどのようにして得たのかを見ていきます。まず売上高586,451百万円に対して売上原価が292,769百万円で，売上総利益は，売上高586,451百万円－売上原価292,769百万円＝293,682百万円となります。様々な子会社が様々な事業を行っているような場合は，この内訳を確認しなければならないのですが，この会社の場合，子会社の事業内容はユニクロ事業以外もほとんどが衣料品販売事業なので，292,769百万円の衣料品を586,451百万円で販売したと見て構いません。

292,769百万円の衣料品を586,451百万円で販売とは，少し高いようですが（リーズナブルなユニクロの商品ですが，原価の倍の価格？），販売費及び一般

管理費が206,189百万円も発生していて，営業利益は，売上総利益293,682百万円－販売費及び一般管理費206,189百万円＝87,493百万円となりました。販売費及び一般管理費の内訳が記載されていませんが，給与手当56,603百万円，地代家賃45,596百万円（店舗のフロアーは賃借），広告宣伝費27,793百万円（確かにユニクロのCMはよく目にします）が主なものです。**商品を販売するまでのプロセスにお金がかかるようです**（衣料品販売事業の特徴というよりもユニクロ事業の特徴？）。

次に営業外収益と営業外費用を見ると，為替差損の発生によって，営業外費用の方が大きくなり，経常利益は，営業利益87,493百万円＋営業外収益2,753百万円－営業外費用4,547百万円＝85,698百万円と，営業利益よりも少し小さくなりました。なお，営業外費用に持分法による投資損失とありますが，これは関連会社の業績が悪いと発生するものです（逆に関連会社の業績が良いと，営業外収益に持分法による投資利益が発生）。

そして，特別利益が1,027百万円，特別損失が4,731百万円発生して，税金等調整前当期純利益は，経常利益85,698百万円＋特別利益1,027百万円－特別損失4,731百万円＝81,994百万円となりました。「税引」前当期純利益ではなく「税金等調整」前当期純利益となっていますが，これはその下で税金だけでなく少数株主利益も引くからです。

特別損失の中に減損損失とありますが，これは，急に価値が下落した固定資産の額をそれだけ減らしているのです。有形固定資産の額は，通常，減価償却によって少しずつ減らしていきます（減価償却については，「**コラム　財務諸表の作り方②　会社の活動はどう記録されるか？**」を参照）。しかし，急に価値が下落してしまった場合は，このように一気に減らしてしまうのです。これは通常の減らし方ではないので，減損損失は特別損失になります。なお，有形固定資産だけでなく無形固定資産も，このようにして額を減らすことがあります。

最後に税金等調整前当期純利益から税金と少数株主利益を引くと，当期純利益43,529百万円となります。

● 用語解説 ●

子会社と関連会社

　子会社とは，その意思決定を支配している会社のことをいいます。ほかの会社を子会社化する場合，通常その株式を50％超取得します（「通常」といったのは，株式を50％超所有していなくても意思決定を支配できる場合があるため）。

　それに対して，関連会社とは，意思決定を支配はしていないが（支配していれば子会社），それに大きな影響力を及ぼすことができる会社のことをいいます。ほかの会社を関連会社化する場合，通常その会社の株式を20％以上取得します（ここでも「通常」といったのは，株式を20％以上所有していなくても意思決定に大きな影響力を及ぼすことができる場合があるため）。

　関連会社も自社グループに含めるのですが，その財務諸表は連結財務諸表に含めません。その代わり，その株式の額を増減させることによって，その業績を連結財務諸表に反映させます。この方法を持分法というのですが，営業外費用にある持分法による投資損失は，関連会社の業績が悪いときに発生するもので，それだけ関連会社の株式の額を減らしているのです。逆に関連会社の業績が良いときは持分法による投資利益が発生して，それだけ関連会社の株式の額が増加することになります。

◀第7章　ユニクロ（ファーストリテイリング）の財務諸表を読む▶

（3）貸借対照表を読む

　ここでも初めに連結貸借対照表に特有の科目ついて説明します。純資産の一番下を見て下さい。ここにも「少数株主」が付いた科目があります。この少数株主持分も，子会社に少数株主がいる場合，連結貸借対照表に記載されるものです。

　少数株主利益は，子会社の利益のうち少数株主のものとなる部分のことでしたが，少数株主持分は，子会社の株主資本のうち少数株主のものとなる部分のことです。例えば，80％の株式を保有する子会社があり（ほかの20％の株式を保有する株主が少数株主），その株主資本が10億円の場合，2億円（＝10億円×20％）が少数株主持分となります。

　それでは，純資産の中の少数株主持分が子会社の少数株主のものだということを踏まえて，この連結貸借対照表を見ていきます。まず負債純資産合計404,720百万円（＝資産合計）に対して純資産合計が264,014百万円なので，かなり余裕があるといえます。確かに借入金は，一年以内返済予定長期借入金3,201百万円と長期借入金16,288百万円だけで多くありません。

　なお，分配可能額（株主への配当や自己株式の取得を行える額）は，連結財務諸表ではなく個別財務諸表上の数字で計算します。会社が行う配当などに関わるものなので，グループの数字ではなく，あくまで会社の数字で考えます。この会社の個別の貸借対照表上のその他資本剰余金は420百万円，その他利益剰余金は238,435百万円あるため，配当（自己株式の取得も）を行える状態にあるようです。

　次に資産の内訳を見てみます。まず流動資産を見ると，最も額が大きいのは有価証券ですが，これは売却目的で所有しているものです（売却時の損益は営業外収益か営業外費用に）。その上に受取手形及び売掛金がありますが，衣料品の販売代金はその場で支払われるので，その額は小さいです。それに対して，有価証券の下にある棚卸資産の額はやや大きめです。ワインなどと同様，衣料品は品揃えが重要なので，額が大きくなるのでしょう。しかし，**衣料品には流**

ファーストリテイリングの貸借対照表

区　分	金額(百万円)	区　分	金額(百万円)
(資産の部)		(負債の部)	
Ⅰ　流動資産		Ⅰ　流動負債	
1．現金及び預金	67,248	1．支払手形及び買掛金	57,035
2．受取手形及び売掛金　❶	13,411	2．一年以内返済予定　❽	3,201
3．有価証券	102,912	長期借入金	
4．棚卸資産　❷	53,778	3．未払法人税等	24,570
5．繰延税金資産	2,545	4．繰延税金負債	3
6．未収法人税等	6,959	5．引当金	228
7．為替予約	6,607	6．その他	33,552
8．その他	10,340	流動負債合計	118,591
9．貸倒引当金	△ 109	Ⅱ　固定負債	
流動資産合計	263,596	1．長期借入金　❾	16,288
Ⅱ　固定資産		2．退職給付引当金	253
1．有形固定資産		3．その他	5,572
(1)建物及び構築物	32,661	固定負債合計	22,114
(2)器具備品及び運搬具	2,762	負債合計	140,706
(3)土地	3,995		
(4)建設仮勘定	897		
有形固定資産合計　❸	40,317	(純資産の部)	
2．無形固定資産　❹		Ⅰ　株主資本	
(1)のれん　❺	28,122	1．資本金	10,273
(2)その他	12,714	2．資本剰余金	4,999
無形固定資産合計	40,837	3．利益剰余金　❿	259,756
3．投資その他の資産		4．自己株式	△ 15,556
(1)投資有価証券	669	株主資本合計	259,473
(2)関係会社株式　❻	3,756	Ⅱ　評価・換算差額等	
(3)繰延税金資産	730	1．その他有価証券評価	△ 928
(4)敷金・保証金　❼	35,629	差額金	
(5)建設協力金	18,076	2．繰延ヘッジ損益	3,939
(6)その他	1,549	3．為替換算調整勘定	△ 517
(7)貸倒引当金	△ 542	評価・換算差額等合計	2,494
投資その他の資産合計	59,868	Ⅲ　少数株主持分　⓫	2,046
固定資産合計	141,024	純資産合計　⓬	264,014
資産合計	404,720	負債純資産合計	404,720

❶ その場で販売代金を支払ってもらえるため，額が小さい　　❷ やや額が大きい
❸ 特別な設備は必要ないため，額が小さい　　❹ 形のない固定資産
❺ 他の会社を取得する際，その会社に価値があると考えて，余分に支払った額
❻ 関連会社の株式（連結貸借対照表に子会社の株式は出てこない）
❼ 有形固定資産の額は小さいが，店舗のフロアーを賃借する際にこれだけおさめている
❽ 借入金は少ない　　❾ 借入金は少ない
❿ 個別貸借対照表上のその他資本剰余金は420百万円，その他利益剰余金は238,435百万円なので，配当を行える状態にあるようだ
⓫ 子会社の株主資本のうち少数株主のものとなる部分
⓬ かなり純資産の割合が高い

◀第7章　ユニクロ（ファーストリテイリング）の財務諸表を読む▶

行があるので，売れ残ると販売できなくなってしまうリスクがあります。

　固定資産を見ると，有形固定資産合計が40,317百万円で，額が小さいことがわかります。店舗のフロアーは賃借ですし，販売する商品が食品などではなく衣料品なので，特別な設備も必要ありません。その代わり，投資その他の資産の上から4番目の敷金・保証金が35,629百万円とかなり大きくなっています。これだけ店舗のフロアーを賃借するに当たっておさめているのです。

　有形固定資産の下の無形固定資産を見て下さい。のれんという科目があります。のれんといったら，普通，お店の入り口に下がっている布を思い浮かべるはずです。しかし，貸借対照表に記載されるのれんは，ほかの会社を子会社化したり吸収合併したりするときに発生するもので，その会社に価値があると考えて，あえて余分に支払った対価の額のことです。確かに日常でも，お店の目に見えないブランド力といった意味でのれんという言葉を使うことがあるかと思います。

　こののれんのように，無形固定資産とは，文字どおり形のない固定資産のことをいいます。無形固定資産に記載されるものとしては，のれんのほか，法律上の権利（例えば特許権や商標権など）やソフトウェアなどがあります。なお，その額は，取得したり作ったりするためにかかったお金の額です。

　投資その他の資産の1番上にある投資有価証券は，売却すること以外の目的（株式の持ち合いなど）で所有しているものです（売却時の損益は特別利益か特別損失に）。その下に関係会社株式とありますが，連結貸借対照表に記載される関係会社株式は関連会社の株式です。連結ではない個別の貸借対照表に記載される関係会社株式は，子会社と関連会社の株式ですが，子会社の貸借対照表も含めた連結貸借対照表には，当然のことながら子会社の株式は記載されません（連結貸借対照表を作成する際に消える）。

（4）キャッシュ・フロー計算書を読む

　キャッシュ・フロー計算書も当然連結のものですが，こちらには，損益計算書や貸借対照表のように特に「少数株主」が付く科目は記載されません。これまでどおり，まず現金及び現金同等物の増加額を見ると，プラス50,671百万円（損益計算書の当期純利益は43,529百万円），次に各キャッシュ・フローを見ると，営業活動によるキャッシュ・フローがプラス87,336百万円（損益計算書の営業利益は87,493百万円，経常利益は85,698百万円），投資活動によるキャッシュ・フローがマイナス15,421百万円，財務活動によるキャッシュ・フローがマイナス19,054百万円です。

　営業活動によるキャッシュ・フローは間接法で記載されています。有形固定資産の額が大きくないため，減価償却費の額もそれほど大きくありません。

　なお，上から4番目にのれん償却額とあり，プラスとなっています。これについての考え方は減価償却費と同様です。のれんも有形固定資産の減価償却と同様に償却していくのですが，そのときに発生する費用はお金が出ていかない費用なので，その額だけ利益よりもキャッシュ・フローの方が大きくなるのです。のれんの額が大きな会社の場合，のれん償却額も大きくなり，利益とキャッシュ・フローの乖離が生じることになります。

　営業活動に関係する流動資産と流動負債の増減額を見ると，売上債権の増加により3,505百万円のマイナス，棚卸資産の減少により1,851百万円のプラスとなっています。この会社の場合，衣料品の販売代金はその場で支払われるので，売上債権の増加によるマイナスについてはあまり心配しなくてもいいでしょう。しかし，棚卸資産が増加してマイナスとなっている場合は注意が必要です。**この会社は多くの棚卸資産を所有していますが，それが販売できなくなると，お金だけは出ていったけれども，もう利益を生まないものになってしまうかもしれません。**

　投資活動によるキャッシュ・フローの中で最も額が大きいものが，有形固定資産の取得による支出です。これはおそらく新規出店に伴う支出でしょう。

◀第7章　ユニクロ（ファーストリテイリング）の財務諸表を読む▶

ファーストリテイリングのキャッシュ・フロー計算書

区　分		金額（百万円）
Ⅰ　営業活動によるキャッシュ・フロー		
1．税金等調整前当期純利益		81,894
2．減価償却費及びその他償却費	❶	8,523
3．減損損失		896
4．のれん償却額	❷	5,315
5．貸倒引当金の減少額		△ 260
6．退職給付引当金の減少額		△ 130
7．受取利息及び受取配当金		△ 2,240
8．受取利息		1,635
9．為替差損		369
10．持分法による投資損失		379
11．固定資産除却損		1,005
12．固定資産売却益		△ 123
13．売上債権の増加額	❸	△ 3,505
14．棚卸資産の減少額	❹	1,851
15．仕入債務の増加額		15,378
16．その他資産の増加額		△ 2,104
17．その他負債の増加額		7,117
18．その他収支		605
小計		116,706
20．利息及び配当金の受取額		2,210
21．利息の支払額		△ 1,647
22．子会社再生債務返済による支出		△ 501
23．法人税等の支払額		△ 36,257
24．法人税等の還付額		6,827
営業活動によるキャッシュ・フロー		87,336
Ⅱ　投資活動によるキャッシュ・フロー		
1．定期預金の減少額		△ 95
2．有価証券及び投資有価証券の売却及び償還による収入		9
3．有形固定資産の取得による支出	❺	△ 11,187
4．有形固定資産の売却による収入		172
5．無形固定資産の取得による支出		△ 4,597
6．無形固定資産の売却による収入		142
7．敷金・保証金の増加による支出		△ 3,978
8．敷金・保証金の回収による収入		3,396
9．建設協力金の増加による支出		△ 1,253
10．建設協力金の回収による収入		2,333
11．預り保証金の増加による収入		1,071
12．預り保証金の減少による支出		△ 323
13．貸付金の増加による支出		△ 1
14．貸付金の回収による収入		22
15．新規連結子会社取得による支出		△ 1,013
16．その他投資活動による収支		△ 120
投資活動によるキャッシュ・フロー		△ 15,421
Ⅲ　財務活動によるキャッシュ・フロー		
1．短期借入金の純増減額		214
2．長期借入れによる収入		56
3．長期借入金の返済による支出		△ 4,896
4．自己株式取得及び処分による純増減額		△ 9
5．長期未払金の減少による支出		△ 200
6．配当金の支払額	❻	△ 12,729
7．少数株主への払戻による支出	❼	△ 1,487
8．少数株主への配当の支払額	❽	△ 1
財務活動によるキャッシュ・フロー		△ 19,054
Ⅳ　現金及び現金同等物に係る換算差額		△ 2,188
Ⅴ　現金及び現金同等物の増加額		50,671
Ⅵ　現金及び現金同等物の期首残高		119,216
Ⅵ　現金及び現金同等物の期末残高		169,888

❶ 有形固定資産の額が大きくないため，減価償却費の額はそれほど大きくない

❷ 減価償却費と同様にお金が出ていかない費用なのでプラス

❸ その場で販売代金を支払ってもらえるため，売上債権の増加についてはあまり心配しなくていい

❹ 棚卸資産が増加している場合は注意が必要（お金だけ出ていって，利益を生まないものになる可能性）

❺ 新規出店を進めていることがわかる

❻ 自社が自社の株主に支払った配当金の額

❼ 連結キャッシュ・フロー計算書には，少数株主がいる場合，必ず少数株主が付く科目が記載されるわけではない（これは，たまたま子会社と少数株主との間にお金のやりとりがあったため）

❽ 子会社が少数株主に支払った配当金の額

なお，損益計算書の特別利益の中に固定資産売却益，特別損失の中に固定資産除却損と店舗閉鎖損失がありましたが，これらは店舗の閉鎖に伴い発生したものです。新規出店を進める一方，利益の出ない店舗は閉鎖していることがわかります。

　先ほど連結キャッシュ・フロー計算書には特に「少数株主」が付く科目は記載されないといいましたが，財務活動によるキャッシュ・フローの下の方を見ると，初めに「少数株主」が付く科目が並んでいます。しかし，これらは，子会社に少数株主がいる場合，連結キャッシュ・フロー計算書に必ず記載されるわけではなく，たまたま子会社と少数株主の間でお金のやり取りがあったために記載されているのです。ちなみに，上から6番目の配当金の支払額は，自社が自社の株主に支払った配当金の額ですが，一番下の少数株主への配当の支払額は，子会社が少数株主に支払った配当金の額です。

◀第7章　ユニクロ（ファーストリテイリング）の財務諸表を読む▶

●●●まとめ●●●

- 連結財務諸表とは，会社が子会社（その意思決定を支配している会社）を持っている場合，自社と子会社の財務諸表をまとめて，グループの財務諸表としたもの。
- 連結損益計算書に記載される少数株主利益とは，子会社の利益のうち少数株主（子会社の自社以外の株主）のものとなる部分のことで，連結の当期純利益には含めない。
- 商品の原価は高くないが，商品を販売するまでのプロセスにお金がかかっている（広告によるイメージ作りなど）。
- 関連会社（その意思決定に大きな影響力を及ぼすことができる会社）の業績は，その株式の額を増減させることによって連結財務諸表に反映させる。その際，持分法による投資利益や持分法による投資損失が発生。
- 急に価値が下落した固定資産は，一気にその額を減らし（減価償却によってではなく），その際，減損損失（特別損失）が発生。
- 連結貸借対照表に記載される少数株主持分とは，子会社の株主資本のうち少数株主のものとなる部分のこと。
- 分配可能額は，連結財務諸表ではなく個別財務諸表上の数字で計算。
- 特別な設備は必要ないため，有形固定資産の額は小さい。その代わり，店舗のフロアーを賃借するに当たって多くの敷金・保証金をおさめている。
- のれんとは，ほかの会社を子会社化したり吸収合併するときに発生するもので，その会社に価値があると考えて，あえて余分に支払った対価の額のこと。こののれんを含む無形固定資産とは，文字どおり形のない固定資産のこと。
- のれん償却額は減価償却費と同様にお金が出ていかない費用なので，その額だけ利益よりもキャッシュ・フローの方が大きくなる。
- 特別利益（固定資産売却益），特別損失（固定資産除却損，店舗閉鎖損失），投資活動によるキャッシュ・フロー（有形固定資産の取得による支出）から，新規出店を進める一方，利益の出ない店舗は閉鎖していることがわかる。
- 衣料品の販売代金はその場で支払われるので，売上債権の増加によるキャッシュ・フローのマイナスについてはあまり心配しなくてもいいが，棚卸資産の増加によるマイナスについては注意が必要。

コラム 財務諸表の作り方④
キャッシュ・フロー計算書の作り方

　ここではキャッシュ・フロー計算書の作り方について説明しますが，投資活動によるキャッシュ・フローと財務活動によるキャッシュ・フローは，ただそれぞれの活動によるお金の出入りを記載するだけです。キャッシュ・フロー計算書において作り方が問題になるのは，営業活動によるキャッシュ・フローです。そのため，ここでは，ほとんどの会社が採用している間接法の営業活動によるキャッシュ・フローの作り方について説明することにします。

　間接法の営業活動によるキャッシュ・フローは，損益計算書の税引前当期純利益に対して，損益計算書と貸借対照表の様々な数値を足したり引いたりして計算します。利益は資産の増加額ですが，お金の増加額とは限りません。そこで，利益に調整を加えて，お金の増減額に直すのです。その調整とは，次のようなものです。

間接法の営業活動によるキャッシュ・フローの計算方法

	税引前当期純利益
＋	減価償却費の額 引当金の増加額
－	営業外収益・特別利益
＋	営業外費用・特別損失
－	営業活動に関係する資産の増加額
＋	営業活動に関係する資産の減少額
＋	営業活動に関係する負債の増加額
－	営業活動に関係する負債の減少額

　まず税引前当期純利益に減価償却費の額と引当金の増加額を足します。減価償却費は費用で，その額だけ利益を小さくさせます。しかし，減価償却によって減少するのは有形固定資産であり，お金ではないので，減価償却費の額を足すのです。

　また，引当金を計上する場合も，費用が発生し（貸倒引当金の場合は貸倒引当金繰入額），その額だけ利益を小さくさせます。しかし，この場合もお金は減少しないので，その額を足すのです（実際に足すのは引当金の増加額で，引当金計上時に発生する費用の額とは限らないのですが，ここではその額と考えておいて下さい）。

◀第7章　ユニクロ（ファーストリテイリング）の財務諸表を読む▶

　つぎに営業外収益と特別利益は引き，営業外費用と特別損失は足します。これは，営業活動によるキャッシュ・フローを計算するに当たって，営業活動以外の要因による利益への影響額を取り除いているのです（利益を大きくしている営業外収益と特別利益は引き，利益を小さくしている営業外費用と特別損失は足して）。

　そして，営業活動に関係する資産と負債の増減額について調整を行います。営業活動に関係する資産（お金以外の売掛金や棚卸資産など）の増加額は引き，減少額は足します。それに対して，営業活動に関係する負債（買掛金など）の増加額は足し，減少額は引きます。これは，収益や費用が発生して，利益を大きくしたり小さくしたりしていても，お金の増減にはならず，ほかの資産の増減になっている額を調整しているのです（収益は会社が事業を行って増加させた資産の額，費用はその収益を得るために減少させた資産の額でした）。

　例えば，商品を販売して，代金は後払いの場合，売上（収益）が発生して，利益を大きくしても，増加する資産は売掛金で，お金ではありません。そのため，売掛金の増加額を利益から引くのです。逆に売掛金の減少は利益に影響を及ぼしませんが，代金を支払ってもらい，お金が増加しているため，足すことになります。

　また，商品などの棚卸資産は，販売されて初めて売上原価（費用）になり，利益を小さくします。しかし，棚卸資産を購入すれば，販売されず，利益を小さくしなくても，その代金を支払わなければならず，お金は減少します。したがって，棚卸資産の増加は，お金をそれだけ減らしても，利益は減らしていないことを意味するため（販売されず，売上原価になっていない），その額を利益から引くのです。逆に棚卸資産の減少は，お金をそれだけ減らしているわけではないのに，利益は減らしていることを意味するため（販売されて，売上原価になり），その額を利益に足すことになります。

第8章 マック（日本マクドナルドホールディングス）の財務諸表を読む

　この章で読むのは，日本マクドナルドホールディングス株式会社（銘柄コード：2702）の平成20年12月期（平成20年1月1日～平成20年12月31日）の財務諸表です。

（1）薄利多売の典型のマック

　筆者はあまり利用しないのですが（ハンバーグやつくねなどがあまり好きではないので），マクドナルドを利用したことがある方は多いと思うので（利用したことがない方はほとんどいない？），今回もイメージしやすいのではないでしょうか。

　マクドナルドに対して多くの方が持っているイメージは，「安い」ではないでしょうか。お金がないときのランチとして，マクドナルドか牛丼を考える方は多いかと思います（筆者は牛丼を考えますが）。後で説明しますが，実はその安さも財務諸表にある特徴となって表れます。

（2）損益計算書を読む

　今回読むのも連結財務諸表です。損益計算書の当期純利益の1つ上を見ると，少数株主利益があります。ただし，その額は，当期純利益12,393百万円に対して12百万円と大きくありません。このことから少数株主が少ないことがわかります。前回読んだ株式会社ファーストリテイリングと同様，この会社も持株会社で（通常，会社名に「ホールディングス」と付くのは持株会社），3つの子会社があります（その中の日本マクドナルド株式会社がハンバーガーレストラン事業を運営）。3社のうち2社が100％子会社，残りの1社が70％子会社なの

◀第8章 マック（日本マクドナルドホールディングス）の財務諸表を読む▶

で，少数株主は少ないのです。

日本マクドナルドホールディングスの損益計算書

区　分	金　額（百万円）	
Ⅰ　売上高	❶	406,673
Ⅱ　売上原価		337,412
売上総利益	❷	68,960
Ⅲ　販売費及び一般管理費	❸	49,416
営業利益		19,543
Ⅳ　営業外収益		
1．受取利息	105	
2．受取配当金	37	
3．未回収商品券収入	144	
4．受取保険金	119	
5．受取休業補償金	405	
6．その他	532	1,344
Ⅴ　営業外費用		
1．支払利息	❹　　67	
2．店舗用固定資産除却損	❺ 2,355	
3．その他	225	2,648
経常利益	❻	18,239
Ⅵ　特別利益		
1．貸倒引当金戻入益	152	
2．和解金収入	1,378	
3．投資有価証券売却益	❼ 2,582	4,114
Ⅶ　特別損失		
1．固定資産除却損	❽　370	
2．減損損失	261	
3．固定資産売却損	136	
4．投資有価証券売却損	0	769
税金等調整前当期純利益		21,584
法人税，住民税及び事業税	7,131	
法人税等調整額	2,047	9,178
少数株主利益	❾	12
当期純利益		12,393

❶ 90％超がハンバーガーレストラン事業によるもの
❷ 薄利多売なので，売上高に対して売上原価が大きく，売上総利益は小さい
❸ 半分近くが広告宣伝費と販売促進費，すなわち商品を多く販売するための費用
❹ 借入金が少ない
❺ 通常は特別損失
❻ 営業外収益＜営業外費用のため，営業利益よりも小さくなった
❼ 長期間持っているほかの会社の株式などを売却
❽ 固定資産売却損とともに，店舗を閉鎖したり，直営店をフランチャイズ化した際に発生
❾ 少数株主が少ないので，額が小さい

それでは，今回も連結損益計算書であることを踏まえて，上から順に当期純利益12,393百万円をどのようにして得たのかを見ていきます。まず売上高406,373百万円に対して売上原価が337,412百万円で，売上総利益は，売上高406,373百万円－売上原価337,412百万円＝68,960百万円となります。様々な子会社が様々な事業を行っているような場合，この内訳を確認しなければなりませんが，この売上高の90％超はハンバーガーレストラン事業によるものなので，337,412百万円のハンバーガー（ポテトや飲み物なども含みますが）を406,673百万円で販売したと見て構いません。なお，売上原価337,412百万円はハンバーガーを作るためにかかった額で，ハンバーガーの材料費（パンやハンバーグなど）のほかに，ハンバーガーを作る方の給与なども含まれています。

売上高，売上原価，売上総利益の額を見ると，売上高に対して売上原価が大きく，売上総利益が小さいことがわかります。「薄利多売」という言葉がありますが，この言葉の意味を正確にいうと，**商品1つ当たりから得られる売上総利益の額が小さいので，多くの商品を販売し，売上総利益全体の額を大きくして，それによって販売費及び一般管理費をまかなうこととなります**。この会社の事業は薄利多売の典型といえます。先ほどいった安さが財務諸表に与える特徴とは，このことです。

なお，回転寿司やユニクロも薄利多売のようでいて，意外にそうでもなかったですね。もしかしたら今後売上高の増加とともにもっと安くしていくのかもしれません（売上高が増加すれば，安くできる）。しかし，衣料品の場合は，食料品と違って消費者は同じものを買い続けるわけではないので（食料品は食べたらなくなるが，衣料品は着たらなくなるわけではない），食料品のように薄利多売を行うのは困難なのもしれません。

売上総利益でまかなわなければならない販売費及び一般管理費ですが，49,416百万円発生し，営業利益は，売上総利益68,960百万円－販売費及び一般管理費49,416百万円＝19,543百万円となりました。販売費及び一般管理費のうち主なものは，広告宣伝費10,877百万円（マクドナルドのＣＭは頻繁に見ます），販売促進費13,874百万円，給与手当6,674百万円（ハンバーガーを作る方以外

◀第8章 マック（日本マクドナルドホールディングス）の財務諸表を読む▶

の方のもの）です。薄利多売なので，商品を安くする代わりにたくさん販売しないと，売上総利益で販売費及び一般管理費をまかなえません。しかし，商品をたくさん販売して生み出した売上総利益でまかなうことになる販売費及び一般管理費の半分近くが，広告宣伝費と販売促進費，すなわち商品をたくさん販売するための費用というのは，何だか少しおかしな感じがしますね。

　営業外収益と営業外費用を見ると，店舗用固定資産除却損により営業外費用の方が大きくなり，経常利益は，営業利益19,543百万円＋営業外収益1,344百万円－営業外費用2,648百万円＝18,239百万円と，営業利益よりも少し小さくなりました。固定資産除却損は特別損失とするのが普通ですが，おそらく店舗用固定資産の処分は常時行っていて，通常の活動によって発生しているものだと考え，営業外費用としているのでしょう。なお，営業外費用の中の支払利息の額が小さいことから，借入金の額が小さいことがわかります。

　そして，特別利益が4,114百万円，特別損失が769百万円発生して，税金等調整前当期純利益は，経常利益18,239百万円＋特別利益4,114百万円－特別損失769百万円＝21,584百万円となりました。特別利益の中で最も額が大きい投資有価証券売却益は，市場で売却したりせず，長期間持っているほかの会社の株式などを売却した際に発生したものです。特別損失の中にも投資有価証券売却損0百万円とありますが，これは百万円未満のものが発生したということです。また，特別損失の中の固定資産除却損と固定資産売却損は，店舗を閉鎖したり，直営店をフランチャイズ化した際に発生したものです。

　最後に税金等調整前当期純利益から税金と少数株主利益を引くと，当期純利益12,393百万円となります。

（3）貸借対照表を読む

　連結貸借対照表なので，純資産の一番下に少数株主持分があります。しかし，少数株主が少ないので，その額は大きくありません。

　まず純資産の割合を見ると，負債純資産合計200,024百万円（＝資産合計）に対して純資産合計が139,371百万円なので，かなり余裕があるといえます。先ほど営業外費用の中の支払利息の額が小さいので，借入金の額が小さいはずといいましたが，確かに流動負債の中の短期借入金，固定負債の中の長期借入金を見ると，額が小さいことがわかります。

　また，この会社の個別の貸借対照表上のその他利益剰余金は63,670百万円あり（その他資本剰余金はなし），配当（自己株式の取得も）を行える状態にあるようです。

　資産の内訳を見ると，流動資産の額が小さいことがわかります。ハンバーガーなどの販売代金はその場で支払われるので，当然，売掛金の額は小さくなります。また，**棚卸資産の額も，ハンバーガーなどの材料は必要な分量だけ所有しておけばいいので，額が小さくなります**。

　流動資産に対して固定資産の額が大きいのですが，ハンバーガーを作って販売するための設備にはかなりお金がかかるようで，有形固定資産合計が81,333百万円となっています。また，投資その他の資産の中の敷金・保証金も64,910百万円とかなり額が大きいのですが，これは店舗用に土地や建物を賃借するに当たっておさめているものです。

　負債の方を見ると，最も額が大きいのは，流動負債の上から3番目の未払金20,812千円です。この未払金とは，文字どおり支払うべきお金を未だ支払っていない額のことです。おそらく有形固定資産の購入代金のうち未だ支払っていない額がこれだけあるのでしょう。

◆第8章 マック（日本マクドナルドホールディングス）の財務諸表を読む▶

日本マクドナルドホールディングスの貸借対照表

区　分	金額（百万円）	区　分	金額（百万円）
（資産の部）		（負債の部）	
Ⅰ　流動資産		Ⅰ　流動負債	
1．現金及び預金	9,782	1．買掛金	10,472
2．売掛金 ❶	9,853	2．短期借入金 ❺	4,500
3．棚卸資産 ❷	2,817	3．未払金 ❻	20,812
4．繰延税金資産	2,628	4．未払費用 ❼	8,709
5．その他	5,530	5．未払法人税等	4,078
貸倒引当金	△ 1	6．賞与引当金	2,309
流動資産合計	36,010	7．その他	6,207
		流動負債合計	57,090
Ⅱ　固定資産		Ⅱ　固定負債	
1．有形固定資産		1．長期借入金 ❽	500
(1)建物及び構築物	40,024	2．退職給付引当金	2,193
(2)機械及び装置	13,889	3．役員退職慰労引当金	118
(3)工具器具及び備品	9,733	4．再評価に係る繰延税金	508
(4)土地	17,490	負債	
(5)建設仮勘定	195	5．その他	242
有形固定資産合計 ❸	81,333	固定負債合計	3,562
2．無形固定資産		負債合計	60,653
(1)のれん	1,723	（純資産の部）	
(2)ソフトウェア	14,563	Ⅰ　株主資本	
(3)その他	773	1．資本金	24,113
無形固定資産合計	17,060	2．資本剰余金	42,124
3．投資その他の資産		3．利益剰余金 ❾	78,628
(1)投資有価証券	398	4．自己株式	△0
(2)長期貸付金	9	株主資本合計	144,866
(3)繰延税金資産	2,081	Ⅱ　評価・換算差額等	
(4)敷金・保証金 ❹	64,910	1．繰延ヘッジ損益	△ 355
(5)その他	7,343	2．土地再評価差額金	△ 5,240
貸倒引当金	△ 721	評価・換算差額等合計	△ 5,596
投資その他の資産合計	71,020	Ⅲ　少数株主持分 ❿	100
固定資産合計	169,414	純資産合計 ⓫	139,371
資産合計	200,024	負債純資産合計	200,024

❶ その場で販売代金を支払ってもらえるため，額が小さい
❷ 額が小さい（必要な分量だけ所有していればいい）
❸ ハンバーガーを作って販売するための設備にはかなりお金がかかるため，額が大きい
❹ 店舗用に土地や建物を賃借する際にこれだけおさめている
❺ 借入金は少ない
❻ 販売する商品やサービスの元となるもの以外のもの（主に固定資産）の購入代金のうち未だ支払っていない額
❼ 費用を計上したが，未だお金を支払っていない額
❽ 借入金は少ない
❾ 個別貸借対照表上のその他利益剰余金は663,670百万円なので，配当を行える状態にあるようだ
❿ 少数株主が少ないので，額が小さい
⓫ かなり純資産の割合が高い

● 用語解説 ●

未払金，未収金，未払費用，未収収益

　買掛金や支払手形は，販売する商品やサービスの元となるものの購入代金のうち未だ支払っていない額を表すのに対して，未払金は，それ以外のもの（主に固定資産）の購入代金のうち未だ支払っていない額を表します。これに対して，商品やサービス以外のものの売却代金のうち未だ受け取っていない額は，未収金として資産に記載します。

　未払金の下に記載されている未払費用は，費用を計上したけれども，未だお金を支払っていない額のことです。例えば，決算の期間が1月1日から12月31日で，その年の7月1日から1年間100万円を借りて，翌年の返済時に10万円の利息を支払う場合，翌期に支払利息10万円を計上するのではなく，当期と翌期に5万円ずつ支払利息を計上しなければなりません。支払利息はお金を借りていることによって発生する費用であると考えて，当期は7月1日から12月31日まで借りていることによって発生したもの，翌期は1月1日から6月30日まで借りていることによって発生したものを計上するのです。そして，当期に支払利息を計上した際，お金は未だ出ていかないので，未払費用を計上するのです（支払利息5万円／未払費用5万円。翌期にお金が出ていく際は，未払費用5万円／現金5万円。なお，仕訳については，「コラム　財務諸表の作り方①　簿記とは？」と「コラム　財務諸表の作り方②　会社の活動はどう記録されるか？」を参照）。

　これに対して，収益を計上したけれども，未だお金を受け取っていない額は，未収収益として資産に記載します。ただし，売上代金のうち未だお金を受け取っていない額は売掛金や受取手形になりますので，未収収益は，売上以外，例えば受取利息などの営業外収益を計上して未だお金を受け取っていないものの額になります。

（4）キャッシュ・フロー計算書を読む

　まず現金及び現金同等物の増減を見ると，2,223百万円の減少です（損益計算書の当期純利益は12,393百万円）。次に各キャッシュ・フローを見ると，営業活動によるキャッシュ・フローがプラス17,855百万円（損益計算書の営業利益は19,543百万円，経常利益は18,239百万円），投資活動によるキャッシュ・フローがマイナス15,674百万円，財務活動によるキャッシュ・フローがマイナス4,389百万円です。

　営業活動によるキャッシュ・フローは間接法で記載されています。有形固定資産の額が大きいため，減価償却費の額も大きくなっています。

　売掛金の増加と棚卸資産の減少は，どちらも小さな額です。この会社の場合は，ハンバーガーなどの販売代金はその場で支払ってもらえますし，棚卸資産は多く所有しないため，それらの増加によるキャッシュ・フローのマイナスについてはあまり心配しなくてもいいでしょう。

　投資活動によるキャッシュ・フローの中の店舗設備等の取得による支出，そして，敷金・保証金の差入れによる支出からは，新規出店や店舗の改装などを進めていることがわかります。これに対して，店舗設備等の売却による収入，敷金・保証金の回収による収入は，店舗を閉鎖したり，直営店をフランチャイズ化した際の収入です。なお，下から3番目に情報システムの開発による支出とありますが，これにより取得したものは，貸借対照表では無形固定資産にソフトウェアと記載されます。

　財務活動によるキャッシュ・フローの中で最も額が大きいのは，配当金の支払による支出です。この会社は，ずっと1株当たり30円の配当を行っています。この額が投資家にとって魅力的か否かは株価によりますが，安定的に配当をもらえる会社ではあります。このように安定的に配当を行う会社の多くは，既に経営が安定している大企業です。それに対して，ベンチャー企業の多くは配当を行いません。これから成長するためにお金が必要で，配当にまわす余裕がないからです。

日本マクドナルドホールディングスのキャッシュ・フロー計算書

区　分		金額（百万円）
Ⅰ　営業活動によるキャッシュ・フロー		
1．税金等調整前当期純利益		21,584
2．減価償却費	❶	11,867
3．減損損失		261
4．引当金の増加額		312
5．未回収商品券収入		△ 144
6．受取利息及び配当金		△ 142
7．支払利息		67
8．固定資産売却損		136
9．固定資産除却損		1,542
10．投資有価証券売却益		△ 2,582
11．売掛金の増加額	❷	△ 803
12．棚卸資産の減少額	❸	54
13．フランチャイズ店舗の買取に係るのれんの増加額		△ 335
14．その他の資産の増加額		△ 460
15．買掛金の減少額		△ 2,123
16．未払費用の減少額		△ 1,129
17．その他の負債の減少額		△ 1,233
18．その他		42
小計		26,913
19．利息及び配当金の受取額		42
20．利息の支払額		△ 58
21．法人税等の支払額		△ 9,042
営業活動によるキャッシュ・フロー		17,855
Ⅱ　投資活動によるキャッシュ・フロー		
1．店舗設備等の取得による支出	❹	△ 23,522
2．店舗設備等の売却による収入	❺	9,199
3．投資有価証券の売却による収入		2,702
4．出資金の回収による収入		0
5．敷金・保証金の差入れによる支出		△ 2,659
6．敷金・保証金の回収による収入		4,660
7．貸付金の回収による収入		14
8．情報システムの開発による支出	❻	△ 7,708
9．供託金の返還による収入		1,610
10．その他		29
投資活動によるキャッシュ・フロー		△ 15,674
Ⅲ　財務活動によるキャッシュ・フロー		
1．短期借入れによる純減少額		△ 500
2．配当金の支払による支出	❼	△ 3,889
3．自己株式の取得による支出		△ 0
財務活動によるキャッシュ・フロー		△ 4,389
Ⅳ　現金及び現金同等物に係る換算差額		△ 14
Ⅴ　現金及び現金同等物の減少額		△ 2,223
Ⅵ　現金及び現金同等物の期首残高		12,005
Ⅵ　現金及び現金同等物の期末残高		9,782

❶ 有形固定資産の額が大きいため，減価償却費の額も大きい
❷ その場で販売代金を支払ってもらえるため，売上債権の増加についてはあまり心配しなくていい
❸ 棚卸資産を多く所有しないため，その増加についてはあまり心配しなくてもいい
❹ 新規出店や店舗の改装などを進めている
❺ 店舗を閉鎖したり，直営店をフランチャイズ化している
❻ これにより取得したものは，貸借対照表では無形固定資産にソフトウェアと記載
❼ この会社は安定的に配当を行っている

◆第8章　マック（日本マクドナルドホールディングス）の財務諸表を読む▶

●●●まとめ●●●

- 売上高に対して売上原価が大きく，売上総利益が小さい。この会社の事業は薄利多売の典型。商品1つ当たりから得られる売上総利益の額が小さいので，多くの商品を販売し，売上総利益全体の額を大きくして，それによって販売費及び一般管理費をまかなっている。
- 販売費及び一般管理費の半分近くが，広告宣伝費と販売促進費，すなわち商品をたくさん販売するための費用。
- ハンバーガーなどの販売代金はその場で支払われるので，売掛金の額は小さい。また，ハンバーガーなどの材料である棚卸資産の額も，必要な分量だけ所有しておくため，小さい。
- ハンバーガーを作って販売するための設備には，かなりお金がかかるため，有形固定資産の額が大きい。また，店舗用に土地や建物を賃借するに当たっておさめている敷金・保証金の額も大きい。
- 売上債権と棚卸資産の額が小さいため，それらの増加によるキャッシュ・フローのマイナスについてはあまり心配しなくてもいい。
- 特別損失（固定資産除却損，固定資産売却損），投資活動によるキャッシュ・フロー（店舗設備等の売却による収入，敷金・保証金の回収による収入，店舗設備等の取得による支出，敷金・保証金の差入れによる支出）から，利益の出ない店舗を閉鎖したり，直営店をフランチャイズ化している一方，新規出店や店舗の改装なども進めていることがわかる。
- 財務活動によるキャッシュ・フローの中で最も額が大きいのは，配当金の支払による支出。この会社は安定的に配当を行っている。

コラム　財務諸表は正確か？

　本書では株式投資に活かす財務諸表の読み方を解説していますが、そもそも財務諸表上の数字は正確なのでしょうか。財務諸表上の数字が正確であるかどうかがわからなければ、誰もそれを株式投資の判断材料にしようとは思わないはずです。

　財務諸表上の数字が正確であるかどうかは、公認会計士や監査法人（公認会計士の集まり）によって明らかにされます。上場会社の財務諸表は監査法人の監査を受けることになっていて、監査法人は財務諸表が適正であるか否かについて意見を表明するのです。

　なお、「適正であるか否かについて意見」と少し弱い表現にしましたが、これは完全に正しいという保証書を出すわけではないからです。監査法人は、すべての会計処理を確認しているわけではなく、重要な点を抽出して確認しているのです。上場しているような会社であれば、規模が大きく、すべての会計処理を確認するのは不可能だからです。

　そのため、監査法人が適正だと意見を表明しながら、後で粉飾が見つかることがあります。そうしたことが相次いだこともあり、監査法人の監査に対する姿勢は以前よりも厳しくなってきています。監査法人と会社の間で監査意見の内容をめぐって対立が生じることもあり、それが原因で監査法人が交代することがあります。監査法人と会社が対立するものとして多いのが、継続企業の前提に関する注記をめぐってです。

　人には寿命があり、どんなに健康な人でも、永遠に生き続けることはできません。これに対して、会社に寿命はありません。会社は事業をずっと継続していくという前提を「継続企業の前提（ゴーイング・コンサーン）」というのですが、これが疑わしくなる場合があります。例えば、売上高の大幅な減少、巨額の損失の発生、債務超過状態などにより、死（倒産）に至ってしまう可能性がある場合です。そうした状態にある場合、会社は財務諸表にそのことを注記しなければならないのです。

　参考として、株式会社ロプロ（銘柄コード　8577、旧・株式会社日栄）が平成21年3月期の連結財務諸表に記載した継続企業の前提に関する注記をあげておきます。事業者向けの資金の貸付け、いわゆる商工ローンを主な事業とするこの会社は、この後、平成21年11月2日に会社更生手続開始を申し立て、12月3日に上場廃止になりました。

◆第8章　マック（日本マクドナルドホールディングス）の財務諸表を読む▶

ロプロの連結財務諸表に対する継続企業の前提に関する注記

　当連結グループは，前連結会計年度に引き続き，当連結会計年度においても，営業収益が著しく減少し，重要な営業損失，経常損失及び当期純損失を計上しております。また，金融機関からの新たな資金調達が困難な状況にあります。加えて，今後，純資産の額が貸金業法に基づく最低純資産額を下回った場合には，貸金業法上の処分を受ける可能性があります。

　当該状況により，継続企業の前提に重要な疑義を生じさせるような状況が存在しております。

　当連結グループは，当該状況を解消すべく，次のとおり対処してまいります。

1．収益力の回復　　（略）

2．コスト構造の変革　　（略）

3．財務基盤の安定化　　（略）

　しかし，新たな資金調達，新事業の推進並びに不動産の処分については，外部要因に大きく依存しており，利息返還債務にかかる支払条件の変更要請については，今後も差押命令申立を受ける可能性もあるため，現時点では継続企業の前提に関する重要な不確実性が認められます。

　なお，連結財務諸表は継続企業を前提として作成されており，継続企業の前提に関する重要な不確実性の影響を連結財務諸表には反映しておりません。

第9章 ビール会社（キリンホールディングス）の財務諸表を読む

　この章で読むのは，キリンホールディングス株式会社（銘柄コード：2503）の平成20年12月期（平成20年1月1日～平成20年12月31日）の財務諸表です。

（1）キリンはビール会社か？

　キリンと聞いてまずイメージするのはビールではないでしょうか。人にもよるかと思いますが，筆者はビール好きなので，まずビールをイメージします（ワインはほとんど飲みませんが，ビールは毎日飲んでいます）。

　会社名に「ホールディングス」と付いているように，この会社も持株会社です。これまで見た持株会社の場合，子会社が様々な事業を行っているわけではなかったので，そのグループの事業をイメージどおりにとらえて問題なかったのですが（ファーストリテイリングならば衣料品販売，日本マクドナルドホールディングスならばハンバーガー販売），この会社の場合はどうなのでしょうか。

（2）損益計算書を読む

　売上高2,303,569百万円に対して売上原価が1,392,895百万円で，売上総利益は，売上高2,303,569百万円－売上原価1,392,895百万円＝910,673百万円となります。キリンと聞くとビールをイメージしますが（少なくとも筆者は），この売上高がすべてビールを販売した額で，売上原価がすべてビールを製造するためにかかった額かというと，実はそうではありません。

　当期純利益の上に少数株主利益がありますが，当期純利益80,182百万円に対して17,160百万円なので，これまで見た会社と比べると，少数株主が多い（100

◀第9章　ビール会社（キリンホールディングス）の財務諸表を読む▶

キリンホールディングスの損益計算書

区　分		金　額（百万円）	
I　売上高		❶	2,303,569
II　売上原価			1,392,895
売上総利益			910,673
III　販売費及び一般管理費		❷	764,696
営業利益			145,977
IV　営業外収益			
1．受取利息		2,399	
2．受取配当金		6,566	
3．持分法による投資利益	❸	11,833	
4．その他		7,027	27,827
V　営業外費用			
1．支払利息	❹	25,385	
2．製品廃棄売却損		1,073	
3．為替差損	❺	37,287	
4．その他		6,994	70,739
経常利益		❻	103,065
VI　特別利益			
1．固定資産売却益		11,016	
2．貸倒引当金戻入益		222	
3．投資有価証券売却益		2,313	
4．持分変動利益		72,654	
5．自動販売機修繕引当金戻入益	❼	787	
6．収用等補償金		9,591	96,585
VII　特別損失			
1．固定資産廃棄損	❽	5,320	
2．固定資産売却損		322	
3．減損損失		3,564	
4．投資有価証券評価損	❾	5,878	
5．投資有価証券売却損		607	
6．事業構造改善費用		3,451	
7．持分法投資損失		3,180	
8．のれん償却額		1,531	
9．事業整理損失		2,714	
10．統合関連費用		4,643	
11．固定資産臨時償却費		762	
12．損害賠償金		1,937	33,915
税金等調整前当期純利益			165,735
法人税、住民税及び事業税		64,026	
法人税等調整額		4,366	68,392
少数株主利益		❿	17,160
当期純利益			80,182

❶ 酒類事業によるものだけでなく、飲料・食品事業や医薬事業などによるものも含まれる　❷ 販売促進費、広告費、研究開発費など、消費者に購入してもらうための費用が大きい　❸ 関連会社の業績が良かった
❹ 借入金が少ない　❺ 海外との取引があると、為替差損や為替差益が発生
❻ 営業外収益＜営業外費用のため、営業利益よりも小さくなった
❼ 不要になった引当金をなくすときに引当金戻入が発生
❽ 設備の規模が大きく、ある程度の設備の処分は常に行っている
❾ 投資有価証券の価値が下落したときに発生
❿ 少数株主が多いため、これまで見た会社と比べると、額が大きい

％子会社でない子会社が多い）ようです。実はこの会社には子会社が371社もあり（さすがにすべて100％子会社ではないので，少数株主が多くなります），酒類事業のほかにも様々な事業を行っているのです。売上高のうち1,181,509百万円は酒類事業によるものなのですが，716,688百万円は飲料・食品事業によるもの，171,517百万円は医薬事業によるもの，残りの233,853百万円は，バイオケミカル事業，化学事業，アグリバイオ事業などによるものです。**メインはやはり酒類事業ですが，キリン＝ビール会社とは必ずしもいい切れないんですね。**

売上総利益は910,673百万円ですが，販売費及び一般管理費が764,696百万円も発生したので，営業利益は，売上総利益910,673百万円－販売費及び一般管理費764,696百万円＝145,977百万円となりました。販売費及び一般管理費のうち主なものは，販売促進費201,273百万円と広告費72,069百万円（この会社の広告を目にしない日はほとんどないのでは？），労務費139,550百万円（製品の製造に携わる方の給与などは売上原価に含められるので，それ以外の方の給与など），運搬費79,901百万円（ビールなどを運ぶのはかなり大変そうです），研究開発費53,440百万円（新製品を開発するための費用）などです。ビール会社というと（前述のとおり，この会社をビール会社とは必ずしもいい切れないのですが），シェア争いが激しいイメージがありますが，このように消費者に製品を購入してもらうための費用がかなりかかっていることがわかります。

営業外収益と営業外費用を見ると，営業外費用の方が大きくなり，経常利益は，営業利益145,977百万円＋営業外収益27,827百万円－営業外費用70,739百万円＝103,065百万円と，営業利益よりも小さくなってしまいました。営業外費用を大きくしているのは，支払利息と為替差損です。なお，営業外収益の中に持分法による投資利益があることから関連会社があることがわかります。そして，持分法による投資利益が発生していることから（持分法による投資損失ではなく），その関連会社の業績が良いことがわかります。

そして，特別利益が96,585百万円，特別損失が33,915百万円発生して，税金等調整前当期純利益は，経常利益103,065百万円＋特別利益96,585百万円－特

◀第 9 章　ビール会社（キリンホールディングス）の財務諸表を読む▶

別損失33,915百万円＝165,735百万円となりました。特別利益に固定資産売却益，特別損失に固定資産廃棄損と固定資産売却損があり，設備を処分していることがわかりますが，この会社は設備の規模が大きく（ビール工場を見学したことがある方もいるのでは？），このくらいの設備の処分は常に行っているようです。

　なお，特別利益に貸倒引当金戻入益と自動販売機修繕引当金戻入益がありますが，引当金戻入とは，不要になった引当金をなくすときに発生するものと考えて下さい。

　最後に税金等調整前当期純利益から税金と少数株主利益を引くと，当期純利益80,182百万円となります。

（3）貸借対照表を読む

　まず純資産の割合を見ると，負債純資産合計2,619,623百万円（＝資産合計）に対して純資産合計が1,149,998百万円で，これまで見てきた会社と比べると，純資産の割合があまり高くないようです。支払利息の額が大きかったので，借入金の額が大きいかと思われますが，負債の方を見ると，やはり固定負債の中の社債と長期借入金の額の大きさが目立ちます。

　純資産の中を見てみます。一番下に少数株主持分がありますが，純資産合計1,149,998百万円に対して222,023百万円なので，これまで見た会社と比べると，やはり少し大きいようです。その上に新株予約権とありますが，これは，現在の株価と関係なくあらかじめ定められた額で会社から株式を購入できる権利のことです。この権利が行使されると，株式が発行されて，株主資本の中の資本金と資本準備金が増えることになります（所有している自己株式を渡す場合もあります）。そして，そのとき，この新株予約権も株主資本に振り替えられます（新株予約権者が株主になるので）。

　その新株予約権の上の評価・換算差額等の中の初めにその他有価証券評価差額金とありますが，これは投資有価証券の価値が増加したものです。損益計算書の特別損失の中に投資有価証券評価損というものがありましたが，これは投

キリンホールディングスの貸借対照表

区　分	金額(百万円)	区　分	金額(百万円)
(資産の部)		(負債の部)	
I　流動資産		I　流動負債	
1．現金及び預金	72,662	1．支払手形及び買掛金	189,589
2．受取手形及び売掛金 ❶	446,630	2．短期借入金	119,197
3．有価証券	762	3．1年以内償還社債	44,112
4．棚卸資産 ❷	219,320	4．未払酒税 ❻	104,245
5．繰延税金資産	22,991	5．未払法人税等	28,495
6．その他	65,735	6．賞与引当金	5,647
貸倒引当金	△ 1,879	7．役員賞与引当金	257
流動資産合計	826,222	8．未払費用	116,569
		9．預り金	26,773
		10．その他	84,725
		流動負債合計	719,613
		II　固定負債	
		1．社債 ❼	242,850
		2．長期借入金	257,731
		3．繰延税金負債	55,780
		4．再評価に係る繰延税金負債	1,471
		5．退職給付引当金 ❽	82,704
		6．役員退職慰労引当金	673
		7．自動販売機修繕引当金	4,756
II　固定資産		8．土地買戻損失引当金	1,068
1．有形固定資産		9．受入保証金	67,093
(1) 建物及び構築物	229,619	10．その他	35,882
(2) 機械装置及び運搬具	217,872	固定負債合計	750,012
(3) 土地	244,240	負債合計	1,469,625
(4) 建設仮勘定	57,244	(純資産の部)	
(5) その他	42,335	I　株主資本	
有形固定資産合計 ❸	791,311	1．資本金	102,045
		2．資本剰余金	71,536
2．無形固定資産		3．利益剰余金 ❾	839,248
(1) のれん ❹	343,975	4．自己株式	△ 29,058
(2) その他	105,493	株主資本合計	983,772
無形固定資産合計	449,469	II　評価・換算差額等	
3．投資その他の資産		1．その他有価証券評価差額金 ❿	37,430
(1) 投資有価証券 ❺	425,384	2．繰延ヘッジ損益	79
(2) 長期貸付金	9,343	3．土地再評価差額金	△ 4,713
(3) 繰延税金資産	34,700	4．為替換算調整勘定	△ 88,756
(4) その他	87,139	評価・換算差額等合計	△ 55,959
貸倒引当金	△ 3,947	III　新株予約権 ⓫	162
投資その他の資産合計	552,619	IV　少数株主持分 ⓬	222,023
固定資産合計	1,793,400	純資産合計 ⓭	1,149,998
資産合計	2,619,623	負債純資産合計	2,619,623

❶ 製品を販売しても，すぐに代金を支払ってはもらえないため，額が大きい
❷ 出来上がった製品の他，製品の原材料も含まれるため，額が大きい
❸ 設備の規模が大きいため，額が大きい　❹ 多くの会社を買収したため，額が大きい
❺ 関連会社の株式も含まれ，額が大きい　❻ 税金を計上したが，納付が未だ済んでいないもの
❼ 借入金は多い(社債も借入金)　❽ 将来の資産の減少に備えて様々な引当金が計上されている
❾ 個別貸借対照表上のその他資本剰余金は668百万円，その他利益剰余金は631,813百万なので，配当を行える状態にあるようだ
❿ 投資有価証券の価値が増加したもの　⓫ 行使されると株主資本になる
⓬ 少数株主が多いため，これまで見た会社と比べると，額が大きい
⓭ これまで見た会社と比べると，純資産の割合は高くない

◀第9章　ビール会社（キリンホールディングス）の財務諸表を読む▶

資有価証券の価値が減少したものです。これに対して，投資有価証券の価値が増加した場合は，投資有価証券評価益といったものを計上するのではなく，純資産としてその他有価証券評価差額金を計上するのです。市場で売却するために持っているほかの会社の株式の価値が増加した場合は，おそらくすぐに売却されるので，営業外収益に反映させてしまうのですが，長期間持っているほかの会社の株式などの価値が増加しても，いつ売却されるかわからないので，その時点では特別利益に反映させたりはしないのです。それに対して価値が減少した場合は投資有価証券評価損を計上するのですが，これは，利益は控え目に計算すべきであるという考え方（保守主義の原則といいます）があるためです。

　なお，この会社の個別の貸借対照表上のその他資本剰余金は668百万円，その他利益剰余金は631,813百万円あり，配当（自己株式の取得も）を行える状態にあるようです。

　次に資産の方を見ると，まず流動資産の中では受取手形及び売掛金と棚卸資産の額が大きいことがわかります。この会社の場合，**製品を販売しても，その場ですぐに代金を支払ってもらえるわけではないので（ビールをスーパーに販売した場合など），受取手形や売掛金の額が大きくなります。また，棚卸資産の中には，できあがった製品のほか，製品の原材料も含まれるため，額が大きくなります。**

　固定資産の中では，やはり設備の規模が大きいので有形固定資産の額が大きいことと，無形固定資産の中ののれん，そして，投資その他の資産の中の投資有価証券の額が大きいことがわかります。のれんの額が大きいのは，多くの会社を買収したためでしょう。なお，投資有価証券の中には関連会社の株式も含まれていて，その数は26社です。関連会社の株式の価値の増減（業績の良し悪し）は持分法によって表しますが，それ以外の投資有価証券の場合は，先ほど説明したとおり，価値が減少すれば，投資有価証券評価損（特別損失）を，価値が増加すれば，その他有価証券評価差額金（純資産の中の評価・換算差額等）を計上することになります。

　負債の方を見てみましょう。流動負債の上から4番目と5番目に未払酒税と未払法人税等がありますが，これについての考え方は前回説明した未払費用と同

様で，当期に税金を計上したけれども，未だお金が出ていっていないものを表します。当期の利益などに課される税金を計上しても，実際に税金をおさめるのは後になることがあるからです（計上時は，法人税等／未払法人税等（負債）。納付時は，未払法人税等（負債）／現金（資産）。なお，仕訳については，「**コラム　財務諸表の作り方①　簿記とは？**」と「**コラム　財務諸表の作り方②　会社の活動はどう記録されるか？**」を参照）。

　また，流動負債には賞与引当金と役員賞与引当金，固定負債には，退職給付引当金，役員退職慰労引当金，自動販売機修繕引当金，土地買戻損失引当金と，将来の資産の減少に備えて様々な引当金が計上されています（このほかに，貸倒引当金が資産の方に記載されています）。

◀第9章　ビール会社（キリンホールディングス）の財務諸表を読む▶

● 用　語　解　説 ●

引　当　金

　引当金とは，将来の資産の減少に備えて計上しておくものです。例えば，貸倒引当金は，売掛金や貸付金が貸し倒れて減少することに備えて，自動販売機修繕引当金は，自動販売機の修繕のために現金が出ていって減少することに備えて計上しておくものです。将来の資産の減少の原因が当期に発生していると考えて，当期のうちに費用（「〜引当金繰入額」など）を発生させて，引当金を計上しておくのです（引当金計上時は，〜引当金繰入額（費用）／引当金（負債）。資産減少時は，引当金（負債）／資産）。しかし，引当金を計上したけれども，結局資産が減少しなかった場合は，不要になった引当金をなくして，引当金戻入が発生することになります（引当金（負債）／引当金戻入（特別利益））。

（4）キャッシュ・フロー計算書を読む

　まず現金及び現金同等物の増減を見ると，27,590百万円の減少です（損益計算書の当期純利益は80,182百万円）。次に各キャッシュ・フローを見ると，営業活動によるキャッシュ・フローがプラス131,281百万円（損益計算書の営業利益は145,977百万円，経常利益は103,065百万円），投資活動によるキャッシュ・フローがマイナス169,330百万円，財務活動によるキャッシュ・フローがプラス26,684百万円です。

　営業活動によるキャッシュ・フローは間接法で記載されています。有形固定資産の額が大きいため，減価償却費の額も，また，のれんの額が大きいため，のれん償却額も大きくなっています。

　上から5番目に退職給付引当金の増加額がプラス134百万円と記載されています。これについての考え方は減価償却費と同じです。貸借対照表の負債に様々な引当金が計上されていましたが，引当金が増加しているということは，それだけ未だお金が出ていっていない費用（「～引当金繰入額」など）が発生して，利益を小さくしていることを意味するので，このようにプラスとします（間接法については「 コラム 財務諸表の作り方④　キャッシュ・フロー計算書の作り方」を参照）。

　また，下から7番目には売上債権の減少額がプラス17,120百万円と記載されています。売上債権が減少しているということは，それだけ回収が進んで，お金が入ってきているということなので，プラスになります。逆に，売上債権の回収がスムーズに進まず，それが増加すると，マイナスとなります。製品を販売しても，その場ですぐに代金を支払ってもらえない会社の場合，売上債権の増加額によるマイナスが大きいと，売上があり，利益が出ていても，営業活動によるキャッシュ・フローはマイナスになってしまう可能性があるため，注意が必要です。

　売上債権は減少でしたが，その下を見ると，棚卸資産は増加して11,755百万円のマイナスになっています。棚卸資産が増加しているということは，それだけ

◀第9章 ビール会社（キリンホールディングス）の財務諸表を読む▶

キリンホールディングスのキャッシュ・フロー計算書

区　分		金額（百万円）
Ⅰ　営業活動によるキャッシュ・フロー		
1．税金等調整前当期純利益		165,735
2．減価償却費	❶	95,948
3．減損失		3,564
4．のれん償却額	❷	22,376
5．退職給付引当金の増加額	❸	134
6．受取利息及び配当金		△ 8,966
7．持分法による投資利益		△ 11,833
8．支払利息		25,385
9．為替差損益		35,957
10．固定資産売却益		△ 11,016
11．有価証券・投資有価証券売却益		△ 2,313
12．持分変動利益		△ 72,654
13．収用等補償金		△ 9,591
14．固定資産廃棄売却損		5,643
15．投資有価証券評価損		5,878
16．売上債権の減少額	❹	17,120
17．棚卸資産の増加額	❺	△ 11,755
18．仕入債務の増加額		986
19．未払酒税の減少額		△ 3,735
20．未払消費税等の減少額		△ 1,136
21．預り金の増加額		935
22．その他		△ 24,192
小計		222,471
23．利息及び配当金の受取額		13,068
24．利息の支払額		△ 23,308
25．法人税等の支払額		△ 80,948
営業活動によるキャッシュ・フロー		131,281
Ⅱ　投資活動によるキャッシュ・フロー		
1．有形・無形固定資産の取得による支出	❻	△ 126,063
2．有形・無形固定資産の売却による収入		26,506
3．有価証券・投資有価証券の取得による支出		△ 2,144
4．有価証券・投資有価証券の売却による収入		7,150
5．子会社株式の取得による支出		△ 1,663
6．連結範囲の変更を伴う子会社株式の取得による支出	❼	△ 73,407
7．連結範囲の変更を伴う子会社株式の売却による収入		1,880
8．その他		△ 1,590
投資活動によるキャッシュ・フロー		△ 169,330
Ⅲ　財務活動によるキャッシュ・フロー		
1．短期借入金の減少額		△ 232,766
2．長期借入れによる収入		199,969
3．長期借入金の返済による支出		△ 94,699
4．社債の発行による収入	❽	199,934
5．社債の償還による支出		△ 5,888
6．自己株式の取得による支出		△ 1,372
7．自己株式の売却による収入		667
8．連結子会社による自己株式の取得による支出		△ 976
9．配当金の支払額	❾	△ 22,432
10．少数株主への配当金の支払額	❿	△ 19,104
11．その他		3,354
財務活動によるキャッシュ・フロー		26,684
Ⅳ　現金及び現金同等物に係る換算差額		△ 16,226
Ⅴ　現金及び現金同等物の減少額		△ 27,590
Ⅵ　現金及び現金同等物の期首残高		52,307
Ⅶ　連結範囲の変更に伴う現金及び現金同等物の増加額		43,740
Ⅷ　現金及び現金同等物の期末残高		68,457

❶ 有形固定資産の額が大きいため、減価償却費の額も大きい
❷ のれんの額が大きいため、のれん償却額も大きい
❸ お金が出ていかない費用が発生しているため、プラス
❹ 売上債権の回収が進まず、増加するとマイナスになるため、注意が必要
❺ 所有する棚卸資産の額が大きいため、増加額に注意が必要
❻ 設備投資を活発に行っている
❼ ほかの会社の買収も活発に行っている
❽ 短期借入金を返済した代わりに新たに借入れを行っている
❾ 自社が自社の株主に支払った配当金の額
❿ 子会社が少数株主に支払った配当金の額だが、少数株主が多いため、額が大きい

利益は減っていなくても（販売されず，売上原価にならずに），お金は減っていることになるため，マイナスとなります。逆に棚卸資産が減少しているということは，お金をそれだけ減らしているわけではないのに，利益は減らしていることになるため（販売されて，売上原価になり），プラスとなります。多くの棚卸資産を所有している会社の場合は，その増加額に注意しなければなりません。

投資活動によるキャッシュ・フローの中で最も額が大きいのは，有形・無形固定資産の取得による支出ですが，これは設備の新設や増設によるものです。設備投資を活発に行っていることがわかります。また，次に額が大きいのは，上から6番目の連結範囲の変更を伴う子会社株式の取得による支出ですが，ほかの会社の買収も活発に行っていることがわかります。

財務活動によるキャッシュ・フローの中で最も額が大きいのは，短期借入金の減少額で，それだけ借入れを返済したことがわかります。しかし，上から2番目の長期借入れによる収入と4番目の社債の発行による収入から，代わりに新たな借入れを行ったことがわかります。**この会社の場合，活発な設備投資などのためにお金が必要なのです。**

なお，会社が行う資金調達には，このように借入れによるもののほかに，株式発行によるものがあります。借入れにより集めたお金はいつか返さなければなりませんが，株式発行により集めたお金は返す必要がありません。ならば借入れよりも株式発行の方がいいかというと，必ずしもそうとは限りません。確かに借入金が多過ぎると，支払利息の負担が大きくなり，リスクも高まるので，よくないのですが，どんな場合でも株式発行の方がいいわけではありません。どちらを選ぶかは，どちらの方がお金を集めやすいか，どちらの方が会社にとって有利かなど様々な点を考慮して決めることになります（詳しくは「**コラム 借入れと増資，どちらがいいか？**」を参照）。

なお，上から9番目の配当金の支払額は，自社が自社の株主に支払った配当金の額（この会社も安定的に配当を行っています），その下の少数株主への配当金の支払額は，子会社が少数株主に支払った配当金の額ですが，この会社の場合，少数株主が多いので，少数株主への配当金の支払額も少し大きいようです。

◀第9章　ビール会社（キリンホールディングス）の財務諸表を読む▶

●●●まとめ●●●

- 子会社が多く，売上高には，酒類事業によるものだけでなく，飲料・食品事業や医薬事業などによるものも含まれる。
- 販売費及び一般管理費には，販売促進費や広告費のほか，研究開発費（新製品を開発するための費用）など，消費者に製品を購入してもらうための費用が多く含まれている。
- 製品を販売しても，すぐに代金を支払ってもらえるわけではないので，売上債権の額が大きくなる。また，棚卸資産の中には，できあがった製品のほか，製品の原材料も含まれるため，額が大きくなる。
- 設備の規模が大きいため，有形固定資産の額が大きい。
- 多くの会社を買収したため，のれんの額が大きい。
- 売上債権と棚卸資産の額が大きいため，それらの増加によるキャッシュ・フローのマイナスについて注意が必要。
- 投資活動によるキャッシュ・フローの中の有形・無形固定資産の取得による支出と連結範囲の変更を伴う子会社株式の取得による支出の額が大きいことから，設備投資とほかの会社の買収を活発に行っていることがわかる。
- 少数株主が多いため，少数株主利益，少数株主持分，少数株主への配当金の支払額が大きい。

コラム　借入れと増資，どちらがいいか？

　投資対象があるのに手元にお金がなければ，外部からお金を集めなければなりません。お金を集める方法には，借入れによるものと株式の発行（増資）によるものの2つがありますが，果たしてどちらの方がいいのでしょうか。

　借りたお金は貸主に対していつか返さなければなりません。それに対して，増資によって集めたお金は株主に対して返す必要がありません。したがって，会社がお金を集める方法としては，増資によるものの方がいいように思えます。しかし，必ずしもそうとはいえないのです。

　確かに借入金の額が大き過ぎるのは好ましくありません。借入金の額が大き過ぎると支払利息の額も大きくなり，それだけ利益を小さくすることになります。また，借入金の額が大きいと，それを返せなくなるリスクも生じてきます（借入金を返せなければ，会社は倒産する）。

　しかし，お金を集めるならば，借入れによるのではなく，増資によるべきだとはいい切れないのです。まず常に増資によってお金を集めることができるとは限りません。会社の株価が低い場合は，増資によってお金を集めることが困難になります。そうした場合でも増資によってお金を集めようとすると，多くの株式を発行しなければならず，株主数が増えて，経営上の問題が生じてしまいます（会社の意思決定に影響力を持つ株主がかわる可能性がある）。

　また，会社にお金を貸している貸主と出資している株主とでは，貸主よりも株主の方が，会社に対して求めるものが大きいのです。会社にお金を貸した場合，利息を受け取ることができ，期限が到来すればお金が戻ってきます。それに対して，会社に出資した場合，配当を受け取ることができるとは限りませんし，取得した額よりも高い額で株式を売却できるとも限りません。

　株主はそうしたリスクを抱えているのですが，それにも関わらず出資するのは，お金を貸した場合よりも高い見返りを期待しているからです。お金を貸した場合と同じ見返りしか期待できないのならば，出資するのではなく，お金を貸すはずです（見返りが同じならば，当然リスクの低い方へ）。

　したがって，増資によってお金を集める場合は，お金を貸した場合よりも高い見返りを得られると投資家に思ってもらわなければなりません。投資家に対してそのための説明を行えなければ，増資によってお金を集めることはできません。

　お金を貸した場合よりも高い見返りを得られると思ってもらわなければならないのは，増資前においてだけではありません。増資後も引き続き株主に思ってもらわなければなりません。増資によってお金を集めることができても，その後，株主の期待を裏切るようなことになれば，株主は株式を売却したり（その結果，株価は低下），経営者の責任を追及したりするでしょう（経営者が解任されることも）。

　このように，借入れと増資，どちらがいいとは一概にはいえません。どちらを選ぶかは，どちらの方がお金を集めやすいか，どちらの方が会社にとって有利かなど様々な点を考慮して決めることになります。

第10章 セブン‐イレブン（セブン&アイ・ホールディングス）の財務諸表を読む

　この章で読むのは、セブン&アイ・ホールディングス株式会社（銘柄コード：3382）の平成21年2月期（平成20年3月1日～平成21年2月29日）の財務諸表です。

（1）セブン‐イレブン？　イトーヨーカ堂？

　会社名からわかるかと思いますが、この会社はセブン‐イレブンを運営しています。セブン‐イレブンを知らない方はいないはずです。ほとんどの方は利用したことがあるでしょう。筆者も、自宅から歩いて10秒のところにあるため、ほぼ毎日利用し、また、学生時代はアルバイトをしていました。

　そういうわけで、タイトルをセブン‐イレブンの財務諸表を読むとしましたが、これは正確ではありません（前の章でとり上げたキリンをビール会社とすることが正確ではないように）。会社名に「ホールディングス」と付いているように、この会社も持株会社です。セブン&アイのセブンはセブン‐イレブン、アイはイトーヨーカ堂に由来しています。それでは、セブン‐イレブンとイトーヨーカ堂の財務諸表を読むのかというと、実はそれも正確ではありません。

（2）損益計算書を読む

　売上高5,094,757百万円に対して売上原価が3,789,598百万円で、売上総利益は、売上高5,094,757百万円－売上原価3,789,598百万円＝1,305,158百万円となります。その下にその他の営業収入が555,191百万円ありますが、これは、主にフランチャイズ契約を締結しているセブン‐イレブンの加盟店からのロイヤリティー収入です（394,863百万円）。この会社が行っている事業から得られた

セブン&アイ・ホールディングスの損益計算書

区　　分	金　額（百万円）	
Ⅰ　売上高		❶ 5,094,757
Ⅱ　売上原価		3,789,598
売上総利益		1,305,158
Ⅲ　その他の営業収入		❷ 555,191
営業総利益		1,860,350
Ⅲ　販売費及び一般管理費		1,578,484
営業利益		281,865
Ⅳ　営業外収益		
1．受取利息	6,282	
2．受取配当金	766	
3．その他	6,053	13,102
Ⅴ　営業外費用		
1．支払利息	❸ 8,470	
2．社債利息	1,843	
3．持分法による投資損失	❹ 667	
4．為替差損	955	
5．その他	3,725	15,661
経常利益		❺ 279,306
Ⅵ　特別利益		
1．固定資産売却益	5,330	
2．その他	872	6,202
Ⅶ　特別損失		
1．固定資産廃棄損	6,185	
2．減損損失	❻ 39,372	
3．投資有価証券売却損	85	
4．投資有価証券評価損	❼ 11,354	
5．人事制度改訂に伴う割増退職金等	3,076	
6．その他	10,318	70,393
税金等調整前当期純利益		215,115
法人税，住民税及び事業税	111,231	
法人税等調整額	2,626	113,857
少数株主利益		❽ 8,920
当期純利益		92,336

❶ コンビニエンスストア事業やスーパーストア事業によるものだけでなく，百貨店事業，フードサービス事業，金融関連事業などによるものも含まれる
❷ セブン‐イレブン加盟店からのロイヤリティーなど
❸ 借入金はそれほど多くない
❹ 関連会社の業績が悪かった
❺ 営業外収益＜営業外費用のため，営業利益よりも小さくなった
❻ 多くの有形固定資産や無形固定資産を所有していると，多くの減損損失が発生するリスクがある
❼ 多くの投資有価証券を所有していると，多くの投資有価証券評価損が発生するリスクがある
❽ 子会社の数が多いが，前の章でとり上げたキリンほど少数株主は多くない

◀第10章 セブン・イレブン（セブン&アイ・ホールディングス）の財務諸表を読む▶

　売上総利益が1,305,158百万円ですから，その額はかなり大きなものです（セブン・イレブンの加盟店の売上高は2,621,568百万円）。

　売上高は83社の子会社のもので（ほかに1社の子会社があるが，規模が小さいため，連結財務諸表に含めていない），売上高とその他営業収入の合計5,649,948百万円のうち，2,306,711百万円がコンビニエンスストア事業によるもの（セブン・イレブンなど），2,121,860百万円がスーパーストア事業によるもの（イトーヨーカ堂や丸大など），993,816百万円が百貨店事業によるもの（そごうや西武百貨店など），101,529百万円がフードサービス事業によるもの（デニーズなど），101,529百万円が金融関連事業によるもの（セブン銀行など）です。メインはやはりセブン・イレブンとイトーヨーカ堂ですが，決してそれらだけではありません。

　営業利益は，販売費及び一般管理費が1,578,484百万円発生したため，営業総利益1,860,350百万円－販売費及び一般管理費1,578,484百万円＝281,865百万円となりました。販売費及び一般管理費のうち主なものは，従業員給与・賞与423,866百万円や地代家賃254,337百万円などです。

　営業外収益と営業外費用を見ると，営業外収益よりも営業外費用の方が少しだけ大きく，経常利益は，営業利益281,865百万円＋営業外収益13,102百万円－営業外費用15,561百万円＝279,306百万円と，営業利益よりも少しだけ小さくなりました。しかし，支払利息はそれほど大きな額ではありません。なお，持分法による投資損失が発生しているため，関連会社の業績は良くなかったようです。

　そして，特別利益が6,202百万円，特別損失が70,393百万円発生して，税金等調整前当期純利益は，経常利益279,306百万円＋特別利益6,202百万円－特別損失70,393百万円＝215,115百万円となりました。特別損失の額がかなり大きいのですが，そのうち主なものは減損損失と投資有価証券評価損です。この会社の場合，**店舗に関わる設備の規模が大きく，有形固定資産の額が大きいため，このように多額の減損損失が発生してしまうリスクがあります。**また，後で見るように投資有価証券も多く所有しているのですが，その場合，このように多

額の投資有価証券評価損が発生するリスクがあります。

　最後に税金等調整前当期純利益から税金と少数株主利益を引くと，当期純利益92,336百万円となります。なお，当期純利益の上に少数株主利益がありますが，当期純利益92,336百万円に対して8,920百万円なので，前の章でとり上げたキリンほど少数株主は多くないことがわかります。

（3）貸借対照表を読む

　まず純資産の割合を見ると，負債純資産合計3,727,060百万円（＝資産合計）に対して純資産合計が1,860,672百万円で，高くもなく低くもなくといったところです。借入金の額もそれほど大きくはありません。

　なお，固定負債の上から3番目にコマーシャル・ペーパーとあります。これはお金を集めるために発行する約束手形なのですが，集めたお金は後で返すため，借入金の一種のように見て構いません。これはどんな会社でも発行できるわけではなく，優良企業しか発行できないため，これが負債にある会社は優良企業といえます。

　純資産の中を見ると，一番下に少数株主持分がありますが，純資産合計1,860,672百万円に対して75,092百万円なので，やはり少数株主はそれほど多くないようです。

　また，この会社の個別の貸借対照表上のその他資本剰余金は419,386百万円，その他利益剰余金は44,281百万円あり，配当（自己株式の取得も）を行える状態にあるようです。

　次に資産の方を見ると，流動資産の中の受取手形及び売掛金の額は大きくありません。店舗で販売した商品の代金はその場で支払われるからです。また，棚卸資産の額もそれほど大きくありません。この会社の場合，コンビニエンスストア事業，スーパーストア事業，百貨店事業において様々な商品を揃えておかなければならないため，棚卸資産の額が大きくなりそうです。しかし，**それほど大きくないということは，仕入れる量が適切で，また，スムーズに販売されている**と考えられます。

◀第10章　セブン‐イレブン（セブン＆アイ・ホールディングス）の財務諸表を読む▶

セブン＆アイ・ホールディングスの貸借対照表

区　　分	金額(百万円)	区　　分	金額(百万円)
（資産の部）		（負債の部）	
Ⅰ　流動資産		Ⅰ　流動負債	
1．現金及び預金	650,949	1．支払手形及び買掛金	194,283
2．コールローン	10,000	2．加盟店買掛金	103,500
3．受取手形及び売掛金 ❶	116,902	3．短期借入金 ❽	191,100
4．営業貸付金	78,042	4．1年内返済予定の長期借入金	103,352
5．有価証券	94,824	5．1年内返済予定の社債	50,592
6．棚卸資産 ❷	169,534	6．未払法人税等	53,311
7．前払費用	28,584	7．未払費用	78,622
8．繰延税金資産	28,656	8．預り金	120,038
9．その他	223,928	9．販売促進引当金	16,601
貸倒引当金	△ 4,321	10．賞与引当金	15,705
流動資産合計	1,397,102	11．役員賞与引当金	292
		12．商品券回収損引当金	6,024
		13．銀行業における預金	165,712
Ⅱ　固定資産		14．その他	155,791
1．有形固定資産		流動負債合計	1,254,927
(1)建物及び構築物	510,945	Ⅱ　固定負債	
(2)器具備品	146,174	1．社債	180,448
(3)車両運搬具	136	2．長期借入金 ❾	249,685
(4)土地	525,022	3．コマーシャル・ペーパー ❿	18,688
(5)建設仮勘定	40,147	4．繰延税金負債	44,094
有形固定資産合計 ❸	1,222,427	5．退職給付引当金	3,510
2．無形固定資産		6．役員退職慰労引当金	3,480
(1)のれん ❹	318,945	7．長期預り金	60,276
(2)ソフトウェア	37,674	8．その他	51,274
(3)その他	65,026	固定負債合計	611,459
無形固定資産合計	421,647	負債合計	1,866,387
3．投資その他の資産		（純資産の部）	
(1)投資有価証券 ❺	140,149	Ⅰ　株主資本	
(2)長期貸付金	14,270	1．資本金	50,000
(3)前払年金費用	16,486	2．資本剰余金 ⓫	576,074
(4)長期差入保証金 ❻	442,416	3．利益剰余金	1,246,165
(5)建設協力立替金	13,298	4．自己株式	△ 9,277
(6)繰延税金資産	22,966	株主資本合計	1,862,962
(7)その他	46,405	Ⅱ　評価・換算差額等	
貸倒引当金	△ 10,291	1．その他有価証券評価差額金	247
投資その他の資産合計	685,701	2．繰延ヘッジ損益	△ 622
固定資産合計	2,329,776	3．為替換算調整勘定	△ 77,398
		評価・換算差額等合計	△ 77,773
Ⅲ　繰延資産 ❼		Ⅲ　新株予約権	391
1　創立費	182	Ⅳ　少数株主持分 ⓬	75,092
繰延資産合計	182	純資産合計 ⓭	1,860,672
資産合計	3,727,060	負債純資産合計	3,727,060

❶ その場で販売代金を支払ってもらえるため，額が小さい　❷ 多くの棚卸資産を所有していそうだが，それほど額が大きくない　❸ 主に店舗に関わるもの（製造業ほどではないが，額が大きい）　❹ 多くの会社を買収したため，額が大きい　❺ 関連会社の株式も含まれる　❻ 店舗用の土地や建物を借りる際におさめたもの　❼ 本当は費用であるもの　❽ 借入金はそれほど多くない　❾ 借入金はそれほど多くない　❿ お金を集めるために発行した約束手形　⓫ 個別貸借対照表上のその他資本剰余金は419,386百万円，その他利益剰余金は44,281百万円なので，配当を行える状態にあるようだ　⓬ 子会社の数が多いが，前の章でとり上げたキリンほど少数株主は多くない　⓭ 純資産の割合は高くもなく低くもなくといったところ

固定資産の中の有形固定資産は主に店舗に関わるものです。製造業ほどではありませんが，大きな額です。投資その他の資産の中の長期借入保証金も大きな額ですが，これも主に店舗のための土地や建物を借りる際におさめたものです。

　多くの会社を買収したため，無形固定資産の中ののれんの額が大きくなっています。この会社には関連会社も13社あり，その株式は投資その他の資産の中の投資有価証券の中に含まれています。

　なお，資産の一番下に，これまでにとり上げた財務諸表には記載されていなかった繰延資産というものがあります。これは，本当は費用であるものを資産にしているものであり，創立費とは，会社を設立するためにかかった費用です。

◆第10章　セブン・イレブン（セブン＆アイ・ホールディングス）の財務諸表を読む▶

● 用語解説 ●

繰延資産

　商品は販売されて，有形固定資産は使用されて，資産から費用に変わりますが，既にまぎれもなく費用なのに，後で費用に変えるためにあえて資産にしておくものがあります。繰延資産は，本当は費用であるものを資産にしてあるのです。主な繰延資産には，ここで出てきた創立費のほか，株式交付費（新株発行や自己株式の処分のためにかかった費用）や社債発行費（社債発行のためにかかった費用）がありますが，費用の「費」が付いているように，それらは本当は費用なのです。それをあえて資産にしておいて，後で有形固定資産の減価償却のように費用に変えていくのです（減価償却については「コラム　財務諸表の作り方②　会社の活動はどう記録されるか？」を参照）。

　なぜ繰延資産は後で費用に変えるのかというと，発生した時点では，そのときに得られた収益のためにかかった費用とは考えられないからです。商品は販売されて，有形固定資産は使用されて，資産から費用に変わりますが，それは，販売された時点，使用された時点において，そのときに得られた収益のための費用になっていると考えられるからです。創立費は，会社を設立するためにかかった費用，株式交付費や社債発行費は，お金を集めるためにかかった費用であり，そのときに得られた収益とは関係がありません。関係があると考えられるのは，会社を設立した後，事業を行い発生した収益，お金を集めた後，投資を行い発生した収益であり，それらが発生するまでに時間がかかるため，後で費用に変えるのです。

（4）キャッシュ・フロー計算書を読む

　まず現金及び現金同等物の増減を見ると，4,286百万円の減少です（損益計算書の当期純利益は92,336百万円）。次に各キャッシュ・フローを見ると，営業活動によるキャッシュ・フローがプラス310,007百万円（損益計算書の営業利益は281,865百万円，経常利益は279,306百万円），投資活動によるキャッシュ・フローがマイナス139,568百万円，財務活動によるキャッシュ・フローがマイナス169,755百万円です。

　営業活動によるキャッシュ・フローは間接法で記載されています。有形固定資産の額が大きいため，減価償却費の額も大きいようです。

　売上債権は減少して9,241百万円のプラス，棚卸資産は増加して8,565百万円のマイナスになっています。この会社の場合，売上債権の増加については心配しなくてもいいのですが，棚卸資産の増加には注意が必要です。しかし，貸借対照表上の棚卸資産の額は大きくありませんでしたし，その増加額も大きくありませんので，現在のところは大丈夫そうです。

　投資活動によるキャッシュ・フローの中で最も額が大きいのは投資有価証券の取得による支出であり，ほかの会社の買収を進めていることがわかります。次に額が大きいのは投資有価証券の売却及び償還による収入ですが，売却による収入はほかの会社の株式などを売却したことによるもの，償還による収入はほかの会社の社債の償還期限がきて，払っていたお金が返ってきたことによるものです。

　有形固定資産の取得による支出も大きな額ですが，その多くはコンビニエンスストア事業におけるもので，主にコンビニエンスストアの開設や改装のために支払ったものです。

　なお，上から13番目に譲渡性預金の預入による支出，15番目に譲渡性預金の払戻による収入とありますが，譲渡性預金とは，定期預金の一種で，他人へ自由に譲渡できるものです。

　財務活動によるキャッシュ・フローの中で最も額が大きいのはコマーシャル・

◀第10章　セブン・イレブン（セブン＆アイ・ホールディングス）の財務諸表を読む▶

セブン＆アイ・ホールディングスのキャッシュ・フロー計算書

区　分		金額（百万円）
Ⅰ　営業活動によるキャッシュ・フロー		
1．税金等調整前当期純利益		215,115
2．減価償却費	❶	140,529
3．減損損失		39,372
4．賞与引当金の減少額		△ 404
5．前払年金費用の増加額		△ 3,655
6．受取利息及び受取配当金		△ 7,048
7．支払利息及び社債利息		10,313
8．為替差損益		1,505
9．持分法による投資損失		667
10．固定資産売却益		△ 5,330
11．固定資産廃棄損		6,185
12．投資有価証券売却損		85
13．投資有価証券評価損		11,354
14．売上債権の減少額		9,241
15．営業貸付金の増加額		△ 2,301
16．棚卸資産の増加額	❷	△ 8,565
17．仕入債務の減少額		△ 14,455
18．銀行業における借入金の増加額		4,000
19．銀行業における社債の償還による支出		△ 15,000
20．銀行業における預金の純増減		23,506
21．銀行業におけるコールローンの純増減		13,500
22．銀行業におけるコールマネーの純増減		12,300
23．ATM未決済資金の純増減		△ 38,217
24．その他		26,335
小計		419,033
25．利息及び配当金の受取額		4,780
26．利息の支払額		△ 10,076
27．法人税等の支払額		△ 103,730
営業活動によるキャッシュ・フロー		310,007
Ⅱ　投資活動によるキャッシュ・フロー		
1．有形固定資産の取得による支出	❸	△ 147,431
2．有形固定資産の売却による収入		27,286
3．無形固定資産の取得による支出		△ 12,183
4．投資有価証券の取得による支出	❹	△ 260,770
5．投資有価証券の売却及び償還による収入		260,488
6．貸付金の貸付による支出		△ 539
7．貸付金の回収による収入		1,070
8．差入保証金及び建設協力立替金の差入れによる支出		△ 25,622
9．差入保証金の返還等による収入		33,290
10．預り保証金の預りによる収入		2,813
11．預り保証金の返還による支出		△ 3,757
12．定期預金の預入による支出		△ 29,107
13．譲渡性預金の預入による支出	❺	△ 106,000
14．定期預金の払戻による収入		30,892
15．譲渡性預金の払戻による収入		96,000
16．その他		△ 5,997
投資活動によるキャッシュ・フロー		△ 139,568
Ⅲ　財務活動によるキャッシュ・フロー		
1．短期借入金の純増減額		38,239
2．長期借入れによる収入		27,600
3．長期借入金の返済による支出		△ 116,570
4．コマーシャル・ペーパー発行による収入	❻	596,066
5．コマーシャル・ペーパー償還による支出		△ 599,704
6．社債の発行による収入		99,616
7．社債の償還による支出		△ 1,217
8．配当金の支払額	❼	△ 51,046
9．少数株主からの払込による収入		371
10．少数株主への配当金の支払額		△ 4,363
11．自己株式の取得による支出	❽	△ 158,122
12．自己株式の売却による収入		36
13．その他		△ 660
財務活動によるキャッシュ・フロー		△ 169,755
Ⅳ　現金及び現金同等物に係る換算差額		△ 4,969
Ⅴ　現金及び現金同等物の減少額		△ 4,286
Ⅵ　現金及び現金同等物の期首残高		667,770
Ⅶ　現金及び現金同等物の期末残高		663,483

❶ 有形固定資産の額が大きいため、減価償却費の額も大きい

❷ 棚卸資産の増加によるマイナスについて注意が必要だが、それほど増えていない

❸ 主にコンビニエンスストアの開設や改装のために支払ったもの

❹ ほかの会社の買収も活発に行っている

❺ 譲渡性預金は定期預金の一種

❻ お金を集めるとともに、ほぼ同額を返している

❼ 業績が良いため、安定的に配当を実施

❽ 株価が低めのときに多くの自己株式を取得

ペーパー償還による支出，次がコマーシャル・ペーパー発行による収入です。コマーシャル・ペーパーによって多くのお金を集めていますが，それとほぼ同額のお金を返しています。

　自己株式の取得による支出も大きな額です。**この会社は平成20年の4月から6月にかけて多くの自己株式を取得したのですが，その頃は株価が低めだったのです。**自己株式を取得する目的は様々です。株価対策のために行うこともありますし（株式の需要量が増えるため，株価が上がる），株式の交付が必要な場合に備えて行うこともあります（例えば，新株予約権が行使されたとき，新たに株式を発行せずに自己株式を交付する）。また，株価が低いときに自己株式を取得して，株価が高くなったときにそれを処分すれば，取得した額と処分した額の差額だけ多くのお金を得ることができます。

　また，配当金の支払額から配当を行っていることがわかります（少数株主への配当金の支払額は，子会社が少数株主に支払った配当金の額）。この会社も，ずっと業績が良いため，安定的に配当を行っています。

◀第10章　セブン‐イレブン（セブン＆アイ・ホールディングス）の財務諸表を読む▶

●●● ま と め ●●●

- 子会社が多く，売上高には，コンビニエンスストア事業やスーパーストア事業によるもののほか，百貨店事業，フードサービス事業，金融関連事業などによるものも含まれる。
- セブン‐イレブン加盟店からかなりのロイヤリティー収入を得ている。
- 多くの有形固定資産や無形固定資産を所有していると，多くの減損損失が発生するリスクが，多くの投資有価証券を所有していると，多くの投資有価証券評価損が発生するリスクがある。
- 店舗に関わる設備の規模が大きいため，製造業ほどではないが，有形固定資産の額が大きい。
- 店舗で販売した商品の代金はその場で支払われるため，売上債権の額は大きくない。
- コンビニエンスストア事業，スーパーストア事業，百貨店事業において多くの棚卸資産を所有していそうだが，棚卸資産の額はそれほど大きくない（仕入れる量が適切）。
- 棚卸資産の増加によるキャッシュ・フローのマイナスについて注意が必要だが，それほど増加していない。
- 投資活動によるキャッシュ・フローの中の投資有価証券の取得による支出の額が大きいことから，ほかの会社の買収を活発に行っていることがわかる（貸借対照表の無形固定資産の中ののれんの額も大きい）。

コラム　増資は株主にとって損？

　会社が増資（株式の発行）を行うと，その会社の既存の株主の利益が減少するといわれることがあります。そのため，会社が増資を行うことを発表すると，その会社の株価が低下することもあります。

　会社が増資を行うと，株式数が増加してEPS（1株当たり利益。これについては「第11章　財務諸表を分析するための道具」を参照）などが減少します（希薄化）。1株当たりの配当にまわされる利益なども減少することになるため，既存の株主の利益は減少するように思われます。そうだとすると，増資は既存の株主にとって良くないことなのでしょうか。

　確かに短期的に見れば，良くないことかもしれません。会社が増資を行うと，短期的には既存の株主の利益は減少します。しかし，長期的に見れば，既存の株主の利益が減少するとは限りません。むしろ増大するかもしれません。

　会社が増資を行うのは，何か投資対象があるからです。お金を集めて，投資を行い，そして，利益を得るというのが，会社の成長サイクルです。会社が増資によって集めたお金を適切に使えば（投資が適切であれば），会社は成長して，長期的には既存の株主の利益を増大させるはずです（株価の上昇や配当の支払いなどにより）。

第11章 財務諸表を分析するための道具

この章では，財務諸表を分析するために使う財務指標について説明します。財務指標は，財務諸表を分析するためのわかりやすく便利な道具です。

（1）財務諸表を分析するための道具

財務諸表の読み方について説明した本などの中には，初めから財務指標を使って財務諸表を分析してみせるものがあります。確かに財務指標を使って財務諸表を分析されると，何となく財務諸表がわかったような感じになります。しかし，それは財務諸表の表面を理解したにすぎません。

まず財務諸表の意味を理解してからでないと，財務指標を使った財務諸表の分析はあまり意味がありません。そのため，本書では，これまで財務指標は使わず，まず財務諸表の意味を理解してもらえるように説明してきました。財務指標は，財務諸表を分析するためのわかりやすく便利な道具なのですが，それによる分析だけで財務諸表を理解したと思ってしまうのは少し危険なので，注意して下さい（**財務指標を使うことによって財務諸表の説明は上手く行うことができたのに，それに対する質問には上手く答えられないといったことに**）。

（2）損益計算書を分析するための道具

① 売上高〜利益率

損益計算書を分析するための財務指標として初めに説明するのは，「売上高〜利益率」です。「〜」を入れ替えると，売上高売上総利益率や売上高営業利益率，売上高経常利益率となります。これは，売上高に対する利益の比率を示すものです。

$$\text{売上高} \sim \text{利益率} = \frac{\sim \text{利益}}{\text{売上高}} \times 100$$

この比率が高いほど，会社は少ない費用で収益を生み出すことができていることになり，効率的な経営を行えているといえます。会社は基本的に，収益をできる限り大きく，費用をできる限り小さくすることによって，利益をできる限り大きくするように活動しているのです。

これまで見てきた会社の売上高〜利益率

	売上高 売上総利益率	売上高 営業利益率	売上高 経常利益率
くらコーポレーション	50.8	5.7	6.1
エノテカ	39.1	7.9	9.3
東京個別指導学院	40.9	14.8	15.2
ルネサンス	6.7	2.3	2.0
ファーストリテイリング	50.1	14.9	14.6
日本マクドナルドホールディングス	17.0	4.8	4.5
キリンホールディングス	39.5	6.3	4.5
セブン&アイ・ホールディングス	25.6	5.5	5.5

これまで見てきた会社の売上高〜利益率を比べると，上のようになります。やはり日本マクドナルドホールディングスの事業は薄利多売の典型といえるため，その売上高売上総利益率はほかの会社と比べてずっと低いです。なお，「薄利多売」の意味を正確にいうと，商品1つ当たりから得られる売上総利益の額が小さいので，多くの商品を販売し，売上総利益全体の額を大きくして，それによって販売費及び一般管理費をまかなうことでした。

ルネサンスの売上高売上総利益率はそれよりも低いのですが，それは，スポーツクラブを運営するためにかなりのお金がかかるためでした（特に設備のために）。

また，営業外収益よりも営業外費用の方が大きい会社の場合は（借入金が多

くて支払利息が多いといった理由のため)、当然、営業利益よりも経常利益が小さくなるため、売上高経常利益率も売上高営業利益率より小さくなります。売上高営業利益率は会社の営業力を示す指標であるのに対して、売上高経常利益率は会社の財務面も含めた力を示す指標であるといえます。

② ROAとROE

次にROAとROEについて説明します。これらの意味がわからない方でも、言葉だけは耳にしたことがあるのではないでしょうか。日本語にすると、ROA (Return on Asset) は総資産利益率、ROE (Return on Equity) は株主資本利益率となります。「総資産」や「株主資本」という言葉が付いているように、これらは、損益計算書上の数字だけでなく、貸借対照表上の数字も用いて計算します。

まずROAの方ですが、これは総資産に対する利益の比率を示すものです。会社は資産を使って事業を行うので、ROAが高いということは、資産を上手に使って多くの利益を生み出しているということになります。なお、ROAを計算する場合、通常、利益には経常利益を用い(会社の通常の活動を通じて発生した利益であるため)、総資産には期首と期末の平均値を用います(利益は期中を通じて発生したものであるため)。

$$ROA = \frac{利益}{総資産} \times 100$$

それに対して、ROEの方は、株主資本に対する利益の比率を示すものなのですが、こちらは株主の側に立った指標であるといえます。株主から見て、投資した額(株主資本)に対して、会社がどれだけの利益を生み出しているかを示すものだからです。なお、ROEを計算する場合、利益には当期純利益を用います(株主からすると、自分のものになる最終的な利益が重要であるため)。また、株主資本ですが、貸借対照表上の株主資本だけでなく評価・換算差額等も合わせて、その期首と期末の平均値を用います。

$$\text{ROE} = \frac{\text{利益}}{\text{株主資本}} \times 100$$

これまで見てきた会社のROAとROE

	ROA	ROE
くらコーポレーション	19.5	14.9
エノテカ	9.3	12.8
東京個別指導学院	20.0	17.6
ルネサンス	3.3	2.2
ファーストリテイリング	22.4	17.3
日本マクドナルドホールディングス	9.1	9.1
キリンホールディングス	4.1	8.1
セブン&アイ・ホールディングス	7.3	4.9

　これまで見てきた会社のROAとROEを比べると，上のようになります。あまり設備を必要としない会社の方が，ROAとROEが高いようです。高額な設備が必要なく，資産の額が小さくなるからでしょうか。ただし，一般的な傾向としては，製造業と非製造業を比べると，製造業の方がROAとROEが高くなります。

③ EPSとPER

　損益計算書を分析するための財務指標として最後にEPSとPERについて説明しておきます。これらも意味がわからなくても，言葉だけは耳にしたことがあるのではないでしょうか。日本語にすると，EPS（Earnings Per Share）は1株当たり利益，PER（Price Earnings Ratio）は株価収益率で，これらもROEと同様に株主の側に立った指標であるといえます。
　まずEPSですが，文字どおり1株当たりの利益で，1株を所有する株主の

ものになる利益の額を示します(会社は株主のものであり,そこで得られた利益も株主のものになる)。利益の額が同じ会社があったとしても,株式数が異なれば,株主のものとなる利益の額は異なってきます。なお,EPS を計算する場合,利益には当期純利益を用い(最終的に株主のものとなる利益であるため),株式数には期中の平均株式数を用います(利益は期中を通じて発生したものであるため)。

$$\text{EPS} = \frac{\text{利益}}{\text{株式数}}$$

次に PER ですが,これは会社の株価がその EPS の何倍かを示すもので,損益計算書を分析するための財務指標というより,株価が高めなのか安めなのかを判断する際の目安となるものです。例えば,同じ業種の会社の中で PER の低い会社があった場合,その会社の株価は安めかもしれない(本来ならばもっと高くてもいい)と考えたりします(今後高くなるかもしれないから,買っておこうと考えたり)。

$$\text{PER} = \frac{\text{株価}}{\text{EPS}}$$

(3)貸借対照表を分析するための道具

① 自己資本比率と流動比率

貸借対照表を分析するための財務指標として初めに説明するのは,自己資本比率です。これは,負債純資産合計(=資産合計)に対する純資産合計の比率を示すものです。これの見方はもうおわかりかと思いますが,これが高いほど,お金を返す必要に迫られていないため,余裕があることになります。なお,自己資本比率を負債純資産合計に対する純資産合計の比率といいましたが,それを計算する場合,通常,純資産合計をそのまま用いるのではなく,純資産合計から新株予約権と少数株主持分を引いて用います。

$$自己資本比率 = \frac{純資産合計}{負債純資産合計} \times 100$$

　自己資本比率は会社の余裕度（お金を返す必要に迫られていない）を示す財務指標ですが，もう１つ会社の余裕度を示す財務指標について説明しておきます。すぐに返さなければならない流動負債に対して，その支払いに充てることができる流動資産がどれだけあるかを示す流動比率です。これが高いほど，現時点において会社に余裕があるといえます（すぐにお金を返せなくなって困ることはない）。ただし，おわかりかと思いますが，流動資産のすべてが流動負債の返済に充てられるとは限らない点に注意しなければなりません（流動資産のすべてをすぐにお金にできるとは限らない）。

$$流動比率 = \frac{流動資産}{流動負債} \times 100$$

これまで見てきた会社の自己資本比率と流動比率

	自己資本比率	流動比率
くらコーポレーション	68.9	54.7
エノテカ	45.0	271.1
東京個別指導学院	75.0	347.8
ルネサンス	34.6	51.4
ファーストリテイリング	64.7	222.4
日本マクドナルドホールディングス	69.6	53.6
キリンホールディングス	35.4	114.8
セブン＆アイ・ホールディングス	47.9	111.3

　これまで見てきた会社の自己資本比率と流動比率を比べると，上のようになります。自己資本比率だけでなく，流動比率によって現時点における余裕度も確認する必要があることがわかるかと思います。

② 棚卸資産回転率

次に棚卸資産回転率について説明します。これは売上高を棚卸資産で割ったもので，棚卸資産が販売される速さを示します（棚卸資産がどんどん販売されて入れ替わっている，すなわち回転している）。この比率が高いと，棚卸資産がすぐに販売されて，余分な棚卸資産を所有していないことになります。

棚卸資産の額が増えている場合は，注意が必要です。棚卸資産が増えているのは，それが順調に販売されていない可能性があるからです。棚卸資産は，販売されないまま時間が経つと，それに対する需要がなくなり，販売できなくなってしまいます（不良在庫）。棚卸資産は，販売が見込まれるものだけを所有して，余分なものは所有しないようにすべきだといえます。

> 棚卸資産回転率 ＝ 売上高 ÷ 棚卸資産

これまで見てきた会社の棚卸資産回転率

	棚卸資産回転率
くらコーポレーション	408.4
エノテカ	3.9
東京個別指導学院	6223.3
ルネサンス	63.2
ファーストリテイリング	10.9
日本マクドナルドホールディングス	144.3
キリンホールディングス	10.5
セブン＆アイ・ホールディングス	30.1

これまで見てきた会社の棚卸資産回転率を比べると，上のようになります。ほかの財務指標もそうですが，会社の事業の内容によってかなり比率が異なってくる点に注意しなければなりません。東京個別指導学院の比率が際立って高いのですが，この会社の場合，そもそも棚卸資産がほとんどありません（教材くらい）。

一方,最も比率が低いのはエノテカですが,この会社の場合は,多くの棚卸資産(ワイン)を保有しておく必要があるのでしょう。棚卸資産回転率は,必ずしも高ければいいというわけではありません。販売しようと思っても,販売するための棚卸資産がないといったことがないように,ある程度の棚卸資産は所有しておく必要があります(エノテカにとってはワインの豊富な品揃えが重要なはず)。

③ BPSとPBR

貸借対照表を分析するための財務指標として最後に BPS と PBR について説明しておきます。日本語にすると,BPS (Book-value Per Share) は1株当たり純資産,PBR (Price Book-value Ratio) は株価純資産倍率で,考え方は,前回説明した EPS や PER と同様です。

まず BPS については EPS と同様に考えて下さい。EPS は1株当たりの利益で,1株を所有する株主のものになる利益の額を示すものでしたが,BPS は1株当たりの純資産で,1株を所有する株主のものとなる純資産の額を示すものです。なお,BPS を計算する場合,純資産から新株予約権と少数株主持分を引きます。なぜなら,それらは株主のものとはならないからです(新株予約権は未だ株主のものではなく(将来株主のものに),少数株主持分は子会社の株主資本のうち自社以外の株主のもの)。

$$BPS = \frac{純資産}{株式数}$$

PBR の方は PER と同様に考えて下さい。PER は,会社の株価がその EPS の何倍かを示すものでしたが,PBR は,会社の株価がその BPS の何倍かを示すものです。これも PER と同様,株価が高めなのか安めなのかを判断する際の目安となるものです。

$$PBR = \frac{株価}{BPS}$$

（4）キャッシュ・フロー計算書を分析するための道具

キャッシュ・フロー計算書上の数字を用いて計算する財務指標としては，営業キャッシュ・フロー対有利子負債比率があります。しかし，これは，営業活動によるキャッシュ・フローによって有利子負債の返済がどの程度可能かを示すものであり，自己資本比率や流動比率のように会社の余裕度を示すものといえます（この比率が高いほど余裕がある）。

$$\text{営業キャッシュ・フロー対有利子負債比率} = \frac{\text{営業活動によるキャッシュ・フロー}}{\text{有利子負債}} \times 100$$

キャッシュ・フロー計算書自体を分析する場合は，損益計算書や貸借対照表の分析のように財務指標を用いるのではなく，営業活動によるキャッシュ・フロー，投資活動によるキャッシュ・フロー，財務活動によるキャッシュ・フロー，それぞれがプラスかマイナスかを見ます。

まず最も重要なのは営業活動によるキャッシュ・フローがプラスであるか否かです。営業活動によるキャッシュ・フローがマイナスの場合は注意が必要です。そもそも売上がないため，営業活動によるキャッシュ・フローがマイナスとなっていることもありますが，売上があり，利益が出ていても，売上債権や棚卸資産の増加によりマイナスとなっていることもあります。

それに対して，投資活動によるキャッシュ・フローと財務活動によるキャッシュ・フローは，プラスでなければならないというものではありません。設備投資やほかの会社の買収などを活発に行っていれば，投資活動によるキャッシュ・フローはマイナスになりますし，新たに資金調達を行った額よりも借入金の返済額の方が大きければ，財務活動によるキャッシュ・フローはマイナスになります。投資活動によるキャッシュ・フローと財務活動によるキャッシュ・フローについては，プラスかマイナスかよりも，どのような活動によってお金が動いているかを見ることの方が重要です。

損益計算書を見る場合，当期純利益が出ていることがとても重要ですが，キャッ

シュ・フロー計算書を見る場合は事情が異なります。確かにキャッシュ・フロー全体がプラス，すなわち，現金及び現金同等物が増加していた方が望ましいのですが，営業活動によるキャッシュ・フローがプラスでも，投資活動によるキャッシュ・フローや財務活動によるキャッシュ・フローがマイナスで，現金及び現金同等物は減少となることがあります。しかし，それは必ずしも悪い状況であるとは限らないのです。

◀第11章 財務諸表を分析するための道具▶

●●● まとめ ●●●

- 売上高〜利益率は，売上高に対する利益の比率を示し，これが高いほど，会社は少ない費用で収益を生み出すことができている。
- ROA（総資産利益率）は，総資産に対する利益の比率を示し，これが高いほど，資産を上手に使って多くの利益を生み出すことができている。
- ROE（株主資本利益率）は，株主資本に対する利益の比率を示し，これが高いほど，株主から見て，投資した額（株主資本）に対して，会社が多くの利益を生み出せていることになる。
- EPS（1株当たり利益）は，1株を所有する株主のものになる利益の額を示す。
- PER（株価収益率）は，会社の株価がそのEPSの何倍かを示し，株価が高めなのか安めなのかを判断する際の目安となる。
- 自己資本比率は，負債純資産合計（＝資産合計）に対する純資産合計の比率を示し，これが高いほど余裕がある（お金を返す必要に迫られていない）。
- 流動比率は，流動負債に対する流動資産の比率を示し，現時点における会社の余裕度を表す。
- 棚卸資産回転率は，売上高を棚卸資産で割ったもので，棚卸資産が販売される速さを示し，これが高いと，余分な棚卸資産を所有していないことになる。
- BPS（1株当たり純資産）は，1株を所有する株主のものとなる純資産の額を示す。
- PBR（株価純資産倍率）は，会社の株価がそのBPSの何倍かを示し，株価が高めなのか安めなのかを判断する際の目安となる。
- キャッシュ・フロー計算書を見る場合，まず営業活動によるキャッシュ・フローがプラスか否かを確認。投資活動によるキャッシュ・フローと財務活動によるキャッシュ・フローは，マイナスが悪いとは限らない。

コラム　減資は株主にとって損？

　増資は短期的には既存の株主の利益を減少させる可能性がありますが，集めたお金の使い方が適切であれば，長期的には既存の株主の利益を増大させるはずです。それに対して，減資の方はどうでしょうか。

　減資と聞くと，何かマイナスのイメージを感じる方がいるかもしれません。そもそも減資とは，どのようなものなのでしょうか。株式投資を行っている知人から，会社が減資を行うと，会社からお金が出ていって，株式の価値が低下するのかと聞かれたことがあります。そうなのでしょうか。

　増資は，株式を発行してお金を集めることです。それに対して，減資とは，文字どおり資本金の額を減らすことです。それでは，会社が減資を行うと，会社からお金が出ていって，株式の価値が低下するのかいうと，そうではありません。減資を行っても，会社からお金が出ていくわけではありません。純資産の中の構成が変わるだけで，純資産全体の額は変わらないのです。

　減資を行うと，減らされた資本金の額はその他資本剰余金に振り替えられます。減らした資本金の額だけ，その他資本剰余金の額が増えるのです。例えば，純資産の内訳が資本金2億円だけだったとします。減資を行い，これを1億円に減らすと，減らされた1億円はその他資本剰余金に振り替えられます。その結果，純資産の内訳は，資本金1億円とその他資本剰余金1億円となり，純資産全体の額は2億円のまま変わらないのです。

　このように，減資を行っても，会社からお金が出ていって，株式の価値が低下するわけではなく，株主に直接の影響はありません。ただし，減資を行うと，その他資本剰余金が増えて，分配可能額が増えるため（「第4章　学習塾（東京個別指導学院）の財務諸表を読む」の中の「●用語解説●　分配可能額」を参照），それによる影響はあるかもしれません（配当や自己株式の取得を行えるようになる）。

第12章 不動産会社（日本綜合地所）の財務諸表を読む

　この章で読むのは，日本綜合地所株式会社（銘柄コード：8878）の平成20年3月期（平成19年4月1日〜平成20年3月31日）の財務諸表です。

（1）倒産の原因は何だったのか？

　この会社の主な事業内容は，不動産，特にマンションの販売です。ご存じの方もいらっしゃるかと思いますが，この会社は，その後倒産し（平成21年2月23日会社更生手続開始決定），上場廃止になりました（平成21年3月6日）。ここではそうした点を念頭に置いて（財務諸表に倒産の兆しが表れているのか否か？），財務諸表を読んでみて下さい。

（2）損益計算書を読む

　まず売上高118,933,479千円に対して売上原価が88,915,922千円で，売上総利益は，売上高118,933,479千円－売上原価88,915,922千円＝30,017,556千円となり，売上高売上総利益率（売上総利益／売上高×100）は25.2％です。これは決して高いとはいえないでしょう。マンションはもともと高価なものなので，価格を原価よりずっと高いものにするのは難しいはずです。しかし，それほどたくさん販売できるものではないので（少なくともハンバーガーのようには），原価に近い価格にまで下げることも難しいはずです（販売費及び一般管理費をまかなえなくなる）。売上高売上総利益率25.2％は，そうした点を検討した上での数値なのです。

　次に販売費及び一般管理費が16,218,146千円発生し，営業利益は，売上総利益30,017,556千円－販売費及び一般管理費16,218,146千円＝13,799,409千円とな

日本綜合地所の損益計算書

区　　　分	金　額（千円）	
Ⅰ　売上高		❶ 118,933,479
Ⅱ　売上原価		88,915,922
売上総利益		❷ 30,017,556
Ⅲ　販売費及び一般管理費		16,218,146
営業利益		❸ 13,799,409
Ⅳ　営業外収益		
1．受取利息	93,869	
2．受取配当金	94,206	
3．違約金収入	120,697	
4．その他	60,030	368,803
Ⅴ　営業外費用		
1．支払利息	❹ 3,451,823	
2．その他	150,957	3,602,781
経常利益		❺ 10,565,432
Ⅵ　特別利益		
1．固定資産売却益	280,861	
2．投資有価証券売却益	2,000	
3．その他	25,989	308,851
Ⅶ　特別損失		
1．固定資産売却損	10,386	
2．固定資産除却損	182,365	
3．減損損失	986,651	
4．投資有価証券評価損	69,300	
5．債務保証損失引当金繰入額	23,000	
6．その他	170,432	1,442,136
税金等調整前当期純利益		❻ 9,432,147
法人税，住民税及び事業税	4,954,513	
法人税等調整額	❼ △ 169,086	4,785,426
当期純利益		4,646,720

❶ 多くはマンション販売によるもの
❷ 売上高売上総利益率は25.2％（原価が高いマンションの販売では，あまり高くはできない）
❸ 売上高営業利益率は11.6％（販売費及び一般管理費のうち最も額が大きいのは広告宣伝費）
❹ 借入金がかなり多い
❺ 売上高経常利益率は8.9％と売上高営業利益率よりも低くなった
❻ 少数株主がほとんどいないため，税金等調整前当期純利益なのに，これから少数株主利益を引いていない
❼ 税金の額を利益に対応した額にするために，実際に課された税金の額から引いて調整（税効果会計）

り，売上高営業利益率（営業利益／売上高×100）は11.6%となりました。決して低いとはいえませんが，売上高売上総利益率の半分以下になりました。販売費及び一般管理費のうち最も額が大きいのは広告宣伝費で，6,673,416千円です。そういえば，この会社のマンションのコマーシャルをよくテレビで見た記憶があります。マンションは原価自体も高いのですが，販売するためにもかなりお金がかかるようです。購入する気になってもらうのは，かなり大変なはずです（少なくとも筆者の感覚では）。

　営業外収益と営業外費用を見ると，**営業外費用の中の支払利息の額の大きさが目立ちます。借入金の額がかなり大きいようです**。売上高営業利益率は高めでしたが，営業外収益よりも営業外費用の方がずっと大きく，経常利益は，営業利益13,799,409千円＋営業外収益368,803千円－営業外費用3,602,781＝10,565,432千円となり，売上高経常利益率（経常利益／売上高×100）は8.9%と，売上高営業利益率よりも低くなりました。

　特別利益は308,851千円，特別損失は1,442,136千円発生して，税金等調整前当期純利益は，経常利益10,565,432千円＋特別利益308,851千円－特別損失1,442,136千円＝9,432,147となりました。そして，「税引前」ではなく「税金等調整前」当期純利益なので，これから税金と少数株主利益を引くはずですが，少数株主利益の方が見当たりません。この会社には子会社があり，この財務諸表は連結財務諸表なのですが，実は少数株主がほとんどいないため，少数株主利益を引いていないのです。

　なお，税金の方は，法人税，住民税及び事業税4,954,513千円から法人税等調整額169,086千円を引いて，4,785,426千円となっています。この平成20年3月期に実際に課されているのは，法人税，住民税及び事業税4,954,513千円です。それから法人税等調整額169,086千円を引いているのですが，これは税効果会計といって，税金の額を利益に対応する額に調整しているのです。

● 用語解説 ●

税効果会計

　実際に課される税金の額は，利益に様々な調整をした額をもとに計算するため，利益に対応した額になっていません。そのため，法人税等調整額を足したり引いたりして，利益に対応する額に調整します（「法人税等調整額／繰延税金負債」や「繰延税金資産／法人税等調整額」という処理（仕訳）を行って。繰延税金負債は負債に，繰延税金資産は資産に計上。なお，仕訳については，「コラム　財務諸表の作り方①　簿記とは？」と「コラム　財務諸表の作り方②　会社の活動はどう記録されるか？」を参照）。しかし，足して終わり，引いて終わりではなく，足した額は将来引き，引いた額は将来足すことになります（当期に「法人税等調整額／繰延税金負債」という処理を行ったら，将来「繰延税金負債／法人税等調整額」という処理を行って）。課される税金の額が利益の額に対応していないというのは，あくまでその期の利益に対応していないというだけで，それらの間のズレはいつかは解消されることになるのです（長い目で見れば，対応することになる）。

◀第12章　不動産会社（日本綜合地所）の財務諸表を読む▶

（3）貸借対照表を読む

　まず純資産の割合を見ると，負債純資産合計（＝資産合計）254,244,989千円に対して純資産合計が41,769,610千円なので，自己資本比率（純資産合計／負債純資産合計×100）は16.4％となり（純資産合計からは少数株主持分6,500千円を引いて計算），あまり余裕がないようです。支払利息がかなり大きな額でしたが，流動負債を見ると短期借入金と1年以内返済予定長期借入金，固定負債を見ると長期借入金があり，それらはかなり大きな額です。そのほかにも流動負債には1年以内償還予定社債，固定負債には社債があります。

　なお，この会社の個別の貸借対照表上のその他資本剰余金は1,810,982千円，その他利益剰余金は19,705,212千円あり，一応，配当（自己株式の取得も）を行える状態にあるようです。ただし，この会社は自己株式を5,096,465千円と多めに所有しているのですが，その額は引いて考えます。自己株式の額は分配可能額に含めないのです。この会社のように自己株式の額が大きな場合は，その点に注意しなければなりません。

　これに対して，流動比率（流動資産／流動負債×100）はどうかというと，流動負債合計93,161,457千円に対して流動資産合計が179,378,151千円なので，192.5％となり，こちらはまだ余裕がありそうです。しかし，この流動資産すべてを流動負債の返済に充てられるわけではありません。**流動資産を見ると，棚卸資産の額の大きさが目立ちます。そのほとんどはまだ販売されていないマンション**です。これをすぐに販売することができればいいのですが，それは難しいでしょう。棚卸資産が販売される速さを示す棚卸資産回転率（売上高／棚卸資産）は0.81で，どうやらスムーズに販売できていないようです。

　なお，流動負債の上から6番目に前受金とあります。前受金とは，商品やサービスを販売する前に受け取った代金のことです（代金受取時に「現金／前受金」，販売時に「前受金／売上」という処理（仕訳）を行う）。この会社の場合，おそらくその多くはマンションの手付金でしょう。また，先ほどこの会社には少数株主がほとんどいないといいましたが，確かに純資産の中の少数株主持分は

日本綜合地所の貸借対照表

区　分	金額（千円）	区　分	金額（千円）
（資産の部）		（負債の部）	
Ⅰ　流動資産		Ⅰ　流動負債	
1．現金及び預金	24,358,014	1．支払手形及び買掛金	17,622,709
2．受取手形及び売掛金	3,040,013	2．短期借入金	❸ 16,648,750
3．有価証券	19,966	3．1年以内返済予定	36,777,672
4．棚卸資産	❶ 146,532,356	長期借入金	
5．繰延税金資産	627,962	4．1年以内償還予定社債	11,596,000
6．その他	4,820,975	5．未払法人税等	3,747,448
7．貸倒引当金	△ 21,137	6．前受金	❹ 2,364,037
流動資産合計	❷ 179,378,151	7．賞与引当金	367,824
		8．完成工事補償引当金	37,558
		9．債務保証損失引当金	23,000
		10．その他	3,976,455
		流動負債合計	93,161,457
		Ⅱ　固定負債	
		1．社債	11,766,000
		2．長期借入金	❺ 103,729,804
		3．退職給付引当金	615,921
		4．役員退職慰労引当金	283,364
		5．繰延税金資産	79,634
		6．その他	2,839,197
Ⅱ　固定資産		固定負債合計	119,313,921
1．有形固定資産		負債合計	212,475,378
(1)建物及び構築物	21,265,700	（純資産の部）	
(2)土地	43,051,821	Ⅰ　株主資本	
(3)その他	808,730	1．資本金	14,119,757
有形固定資産合計	65,126,252	2．資本剰余金	16,236,981
2．無形固定資産		3．利益剰余金	❻ 17,644,061
(1)のれん	1,233,301	4．自己株式	△ 5,096,465
(2)その他	76,179	株主資本合計	42,904,333
無形固定資産合計	1,309,481	Ⅱ　評価・換算差額等	
3．投資その他の資産		1．その他有価証券評価差	△ 1,141,222
(1)投資有価証券	4,290,167	額金	
(2)繰延税金資産	1,056,614	評価・換算差額等合計	△ 1,141,222
(3)その他	3,162,261		
(4)貸倒引当金	△ 77,938		
投資その他の資産合計	8,431,104	Ⅲ　少数株主持分	❼ 6,500
固定資産合計	74,866,837	純資産合計	❽ 41,769,610
資産合計	254,244,989	負債純資産合計	254,244,989

❶ 棚卸資産回転率は0.81でスムーズに販売できていない
❷ 流動比率は192.5％で余裕がありそうだが，流動資産の多くを占めているのは棚卸資産
❸ 借入金がかなり多い（社債もある）
❹ 商品やサービスを販売する前に受け取った代金（おそらく多くはマンションの手付金）
❺ 借入金がかなり多い（社債もある）
❻ 個別貸借対照表上のその他資本剰余金は1,810,982千円，その他利益剰余金は19,705,212千円なので，一応，配当を行える状態にあるようだ（ただし，自己株式の額は引いて考える）
❼ 少数株主がほとんどいないため，額が小さい
❽ 自己資本比率は16.4％でかなり低い

とても小さな額です。

　最後にこの会社のROA（総資産利益率）とROE（株主資本利益率）を確認しておきましょう。まずROA（利益／総資産×100）は，利益に経常利益10,565,432千円，総資産に期首と期末の平均値228,290,078千円を用いて計算して，4.6％となります。そして，ROE（利益／株主資本×100）は，利益に当期純利益4,646,720千円，株主資本に期首と期末の平均値（評価・換算差額等も合わせて）43,481,669千円を用いて計算して，10.7％となります。これまで見てきた会社と比べると，ROAとROE，どちらもあまり高くないようです。しかし，東京証券取引所に上場している不動産業の会社の平成20年3月期のROAの平均は5.39％，ROEの平均は10.01％なので（東京証券取引所調べ），この業種の会社としては平均的な数値のようです。

（4）キャッシュ・フロー計算書を読む

　まず現金及び現金同等物の増減を見ると，20,769,013千円の減少です（損益計算書の当期純利益は4,646,720千円）。次に各キャッシュ・フローを見ると，営業活動によるキャッシュ・フローがマイナス40,669,853千円（損益計算書の営業利益は13,799,409千円，経常利益は10,565,432千円），投資活動によるキャッシュ・フローがマイナス22,175,271千円，財務活動によるキャッシュ・フローがプラス42,076,110千円です。

　利益が出ているにもかかわらず，営業活動によるキャッシュ・フローはマイナスです。前の章で説明したように，営業活動によるキャッシュ・フローがマイナスの場合は注意が必要です。営業活動によるキャッシュ・フローがマイナスになっていることの最も大きな要因は，棚卸資産の増加のようです。販売されないマンションが増えているのでしょう。棚卸資産は販売されて初めて費用になります（売上原価になって）。棚卸資産を仕入れる時点では，お金は出ていくけれども，費用は発生しません。棚卸資産が増加しているということは，費用は発生せず，利益を小さくはしていないが，お金はしっかり出ていっているということなのです。

日本綜合地所のキャッシュ・フロー計算書

区　　　　分	金額（千円）
Ⅰ　営業活動によるキャッシュ・フロー	
1．税金等調整前当期純利益	9,432,147
2．減価償却費	982,916
3．減損損失	986,651
4．のれん償却額	743,489
5．持分法投資損益	29,193
6．賞与引当金の増加額	22,657
7．貸倒引当金の増加額	927
8．退職給付引当金の減少額	△ 257,979
9．役員退職慰労引当金の増加額	249
10．完成工事補償引当金の減少額	△ 3,066
11．債務保証損失引当金の増加額	23,000
12．受取利息及び受取配当金	△ 188,076
13．支払利息	3,451,823
14．社債発行費	36,048
15．投資有価証券評価損	69,300
16．投資有価証券売却益	△ 2,000
17．固定資産売却益	△ 280,861
18．固定資産売却損	10,386
19．固定資産除却損	182,365
20．売上債権の減少額	1,664,295
21．棚卸資産の増加額	❶ △ 51,553,657
22．前払費用の増加額	△ 48,614
23．その他流動資産の増加額	△ 414,592
24．差入保証金・敷金の増加額	△ 88,253
25．その他投資の増加額	△ 158,610
26．仕入債務の増加額	579,903
27．未払消費税等の増加額	211,348
28．前受金の減少額	△ 1,269,573
29．預り金の増加額	1,441,779
30．その他	1,589,324
小計	△ 32,807,476
31．利息及び配当金の受取額	188,004
32．利息の支払額	△ 3,464,715
33．法人税等の支払額	△ 4,585,666
営業活動によるキャッシュ・フロー	❷ △ 40,669,853
Ⅱ　投資活動によるキャッシュ・フロー	
1．定期預金の預入による支出	△ 816,170
2．定期預金の払戻しによる収入	906,879
3．質権付定期預金の預入による支出	△ 6,000
4．有価証券の償還による収入	8,000
5．有形固定資産の取得による支出	❸ △ 21,939,664
6．有形固定資産の売却による収入	1,810,751
7．無形固定資産の取得による支出	△ 34,355
8．投資有価証券の取得による支出	△ 2,087,323
9．貸付けによる支出	△ 20,000
10．貸付金の回収による収入	2,611
投資活動によるキャッシュ・フロー	△ 22,175,271
Ⅲ　財務活動によるキャッシュ・フロー	
1．短期借入れによる収入	❹ 81,139,860
2．短期借入金の返済による支出	△ 73,059,810
3．長期借入れによる収入	91,816,000
4．長期借入金の返済による支出	△ 57,076,364
5．社債の発行による収入	53,200,000
6．社債の償還による支出	△ 46,796,000
7．自己株式の取得による支出	❺ △ 5,096,086
8．株式の発行による収入	51,168
9．配当金の支払額	❻ △ 2,102,657
財務活動によるキャッシュ・フロー	42,076,110
Ⅳ　現金及び現金同等物の減少額	△ 20,769,013
Ⅴ　現金及び現金同等物の期首残高	43,596,217
Ⅵ　連結範囲の変更に伴う現金及び現金同等物の増加額	728,725
Ⅶ　現金及び現金同等物の期末残高	23,555,929

❶ 棚卸資産の増加が著しく，これが営業活動によるキャッシュ・フローをマイナスにしている主要因

❷ 営業活動によるキャッシュ・フローがマイナスの場合は要注意

❸ 賃貸用不動産取得のために投資

❹ 借入金を返済する代わりに新たな借入れを行っている（資金繰りがかなり厳しい）

❺ 自己株式をかなり取得している（当時，この会社の株価は下がっていた）

❻ 株主への配当も行っている

投資活動によるキャッシュ・フローの中で最も額が大きいのは，有形固定資産の取得による支出です。この会社はビルなどの不動産の賃貸事業も行っているのですが，この支出は賃貸用不動産の取得によるものです。マンションの販売がなかなか進まないので，不動産の賃貸の方に力を入れようという判断だったのかもしれません。しかし，不動産の販売と異なり，不動産の賃貸は，投資した額を回収するのに時間がかかります（販売すれば一気に代金が入ってくるが，賃貸の場合は少しずつ賃料が入ってくる）。

財務活動によるキャッシュ・フローを見ると，上から，短期借入れによる収入に対して短期借入金の返済による支出，長期借入れによる収入に対して長期借入金の返済による支出，社債の発行による収入に対して社債の償還による支出と，借入金を返済する代わりに新たな借入れを行っていて，資金繰りがかなり厳しい状態にあることがわかります（もしも新たな借入れを行えなかったら，大変なことに）。

なお，その下の自己株式の取得による支出から，かなり自己株式を取得していることがわかります。これは平成19年11月から平成20年1月にかけて取得したものなのですが，実はこの会社の株価はこの頃下がってきていました。自己株式の取得には株価を上げる効果があります（株式の需要量が増えるので）。もしかしたらこの会社は，株価が下がらないように自己株式を取得したのかもしれません。しかし，資金繰りがかなり厳しい状態にある中，そうしたことにお金を使うことが果たして適切だったのでしょうか。

また，株主への配当も行っています。この会社も安定的に配当を行っていました。いままで行っていた配当を行わないとなると，投資家にマイナスのイメージを与えることになるため，資金繰りがかなり厳しくても行うことにしたのかもしれません。しかし，それも適切だったのでしょうか。

●●● ま と め ●●●

- 自己資本比率が低く余裕のないことがわかる。かなりの借入金があり，利息の支払いによる負担が大きくなっている。
- 流動比率は高いが，流動資産の多くをスムーズに販売できない棚卸資産（主にマンション）が占めている。棚卸資産をスムーズに販売できていないのは，棚卸資産回転率の高さからわかる。
- 主に棚卸資産の増加の影響により営業活動によるキャッシュ・フローがマイナスになっている。
- 借入金を返済する代わりに新たな借入れを行っていて，資金繰りがかなり厳しい状態にあることがわかる。
- 棚卸資産の増加や，厳しい資金繰りの状態などが，この財務諸表から読み取れる倒産の兆し（会社はお金がなくなると倒産する）。

◀第12章 不動産会社（日本綜合地所）の財務諸表を読む▶

コラム　配当はどんどんした方がいい？

　株主は，会社からより多くの配当を得たいと思うはずです。そのため，多くの配当を支払う会社は投資家にとっての印象が良く，増配（前期よりも配当の額を増やすこと）や復配（行っていなかった配当を再開すること）を発表した会社の株価は上昇することがあります。逆に，減配（前期よりも配当の額を減らすこと）や無配転落（前期は行った配当を当期は行わないこと）を発表した会社の株価は低下することがあります。

　それでは，会社は可能な限り配当を行った方がいいのでしょうか。確かに特に投資対象がないのであれば，可能な限り配当を行っていいかもしれません。しかし，投資対象があるのであれば，それに充てるため，配当は行わず，お金を手元に留めておいた方がいいでしょう。

　それに対して，投資対象があったとしても，可能な限り株主への配当を行って構わないとする考え方があります。そのようにしたとしても会社の成長には影響がないというのです。なぜかというと，投資対象があるのに株主に配当を支払って，会社にお金がなくなったとしても，お金は外部から新たに集めればいいからです。この考え方は MM の配当無関連命題といって，フランコ・モジリアーニ（Franco Modigliani）とマートン・ミラー（Merton Miller）という 2 人のノーベル経済学者が主張したものです（MM は彼らの頭文字）。

　しかし，実際はどうでしょうか。外部から新たにお金を集める場合は，費用と時間がかかります。また，いつでも借入れや増資を行えるとは限りません（少なくともいい条件では）。したがって，投資対象がある場合は，やはりまずは会社にあるお金を用いるべきであり，それをすべて配当にまわしてしまうのは適切でないといえるでしょう。

第13章 自動車メーカー（スズキ）の財務諸表を読む

　この章で読むのは，スズキ株式会社（銘柄コード：7269）の平成21年3月期（平成20年4月1日～平成21年3月31日）の財務諸表です。

（1）スズキの経営姿勢が表れている財務諸表

　この会社は，ご存じのとおり自動車メーカーです（オートバイなども作っていますが，メインは自動車）。なぜ自動車メーカーのうちこの会社を選んだかというと，筆者が「スズキ」姓だからというわけではなく，自動車メーカー全体の業績がかなり悪化しているなか，この会社は持ちこたえているようだからです。あのトヨタ自動車でさえ，平成21年3月期は赤字だったのに，この会社は，前期に比べて，売上，利益ともに減少したものの，黒字を達成しました。その要因は何だったのでしょうか。

（2）損益計算書を読む

　まず売上高3,004,888百万円に対して売上原価が2,315,958百万円で，売上総利益は，売上高3,004,888百万円－売上原価2,315,958百万円＝688,930百万円となり，売上高売上総利益率（売上総利益／売上高×100）は22.9％です。前の章でとり上げた日本綜合地所の25.2％よりも低い比率ですが，マンションより自動車の方が多く販売できそうなので，より原価に近い価格に下げて売上高売上総利益率を低くしても大丈夫そうです。

　次に販売費及び一般管理費が612,003百万円発生し，営業利益は，売上総利益688,930百万円－販売費及び一般管理費612,003百万円＝76,926百万円となり，売上高営業利益率（営業利益／売上高×100）は2.6％と，売上高売上総利益率

◀第13章　自動車メーカー（スズキ）の財務諸表を読む▶

スズキの損益計算書

区　分	金　額（百万円）	
Ⅰ　売上高		❶ 3,004,888
Ⅱ　売上原価		❷ 2,315,958
売上総利益		❸ 688,930
Ⅲ　販売費及び一般管理費		❹ 612,003
営業利益		76,926
Ⅳ　営業外収益		
1．受取利息	19,825	
2．受取配当金	2,633	
3．固定資産賃貸料	829	
4．為替差益	12,040	
5．その他	12,805	48,135
Ⅴ　営業外費用		
1．支払利息	9,278	
2．有価証券評価損	❺ 27,487	
3．貸与資産減価償却費	578	
4．持分法による投資損失	1,245	
5．その他	6,797	45,386
経常利益		❻ 79,675
Ⅵ　特別利益		
1．固定資産売却益	1,482	
2．投資有価証券売却益	0	1,482
Ⅶ　特別損失		
1．固定資産売却損	708	
2．投資有価証券売却損	0	
3．減損損失	344	1,052
税金等調整前当期純利益		80,105
法人税，住民税及び事業税	24,651	
法人税等調整額	15,348	❼ 39,999
少数株主利益		12,676
当期純利益		27,429

❶ 海外に対する売上の減少と円高の進行により前期よりも減少
❷ この削減は難しい（自動車の材料を減らすわけにも，その質を下げるわけにもいかない）
❸ 売上高売上総利益率は25.2％（マンションよりは自動車の方が価格を下げられそう）
❹ 最も大きいのは研究開発費，次は広告宣伝費など（広告宣伝費などは前期よりも減らしたが，研究開発費は増やしている）
❺ 株式相場が良くないため？
❻ 売上高経常利益率は2.7％と売上高営業利益率2.6％よりも少し高くなった
❼ 税効果会計により，法人税，住民税及び事業税に法人税等調整額を足して，利益に対応する額に調整

よりもずっと低い比率になりました。販売費及び一般管理費のうち最も額が大きいのは研究開発費で，114,961百万円です。新しい性能の自動車を開発し続けなければならないからです。次に額が大きいのは広告宣伝費79,668百万円や販売促進費74,668百万円です。自動車の宣伝を目にしない日はほとんどないかと思います。

　この会社の売上高は前期と比べて14.2％減少しました。売上が減少しても利益を出そうとすれば，当然費用を減らさなければなりませんが，売上原価の削減は簡単ではありません。自動車を作る材料を減らすわけにもいきませんし，その質を下げるわけにもいかないでしょう。そこでまず考えるのは販売費及び一般管理費の削減です。

　しかし，販売費及び一般管理費の中の費用を一律に減らすべきではありません。この会社も，販売費及び一般管理費を前期721,134百万円から当期612,003百万円へと減らしているのですが，その中の費用をすべて減らしているわけではありません。広告宣伝費などは前期よりも減らしていますが，研究開発費は逆に増やしています。自動車が売れない現時点において広告宣伝費などを減らすのはやむを得ないとしても，**研究開発費は将来販売する自動車を生み出すための費用なので，それを減らすのは命取りになってしまうのです。**

　なお，売上高が減少したといいましたが，その原因は，ほかの自動車メーカーと同様，海外に対する売上の減少と円高の進行です。この会社の売上の67.9％は海外に対するものなのですが，海外に対する売上の割合が大きい会社の場合，円高が進むと，売上が減少してしまいます。例えば，円高が進み，1ドルが150円から100円になった場合，1万ドルで販売している自動車の売上は150万円から100万円になってしまいます。この会社にとって，海外に対する売上の減少と円高の進行はダブルパンチでした。

　ただし，この会社の売上の減少はほかの自動車メーカーほどではありませんでした（トヨタ自動車は21.9％の減少）。アジアに対する売上の割合が高いからです。北米や欧州では自動車の売上が減っているのですが，アジアではあまり減っていません。ほかの自動車メーカーは北米や欧州に対する売上の割合が

高いため，売上の減少が大きかったのですが，この会社はアジアに対する割合が高いため，売上の減少を抑えることができたのです。自動車メーカー全体の業績がかなり悪化しているなか，この会社が持ちこたえて黒字を達成できたのは，売上の減少を抑えることができ，かつ，販売費及び一般管理費を上手く削減することができたためのようです。

　営業外収益と営業外費用を見ると，営業外収益の方が営業外費用よりも大きく，経常利益は，営業利益76,926百万円＋営業外収益48,135百万円－営業外費用45,386百万円＝79,675百万円となり，売上高経常利益率（経常利益／売上高×100）は2.7％と，売上高営業利益率よりも少し高くなりました。営業外費用の中の支払利息の額はそれほど大きくありません。ただし，株式相場が良くないせいか，有価証券評価損の額が少し大きくなっています。また，関連会社の業績も良くないため，持分法による投資損失が発生しています。

　特別利益と特別損失も，特別利益の方が特別損失よりも大きく，税金等調整前当期純利益は，経常利益79,675百万円＋特別利益1,482百万円－特別損失1,052百万円＝80,105百万円となり，経常利益よりも小さくならずに済みました。

　そして，税金等調整前当期純利益から税金と少数株主利益を引くと，当期純利益27,429百万円となります。なお，前の章で説明した税効果会計により，ここでは，法人税，住民税及び事業税24,651百万円に法人税等調整額15,348百万円を足して，利益に対応する額である法人税等合計39,999百万円に調整しています。

（3）貸借対照表を読む

　まず純資産の割合を見ると，負債純資産合計（＝資産合計）2,157,849百万円に対して純資産合計が742,915百万円なので，自己資本比率（純資産合計／負債純資産合計×100）は29.6％となりました（純資産合計からは少数株主持分103,482百万円を引いて計算）。それほど高い比率ではありません。ちなみに東京証券取引所に上場している輸送用機器の会社の平成20年3月期の自己資本比率の平均は36.41％です。しかし，借入金（流動負債の中の短期借入金と1年内償還予定の転換社債，固定負債の中の新株予約権付社債と長期借入金）の額はそれほど大きくなく（支払利息の額が大きくなかったとおり），逼迫した状況にあるわけではなさそうです。

　なお，この会社の個別の貸借対照表上のその他資本剰余金は11,564百万円，その他利益剰余金は378,863百万円あり，配当（自己株式の取得も）を行える状態にあるようです。ただし，自己株式の額が大きいため，注意が必要です。自己株式の額は分配可能額に含めないため，自己株式241,878百万円は引いて考えます。

　流動比率（流動資産／流動負債×100）の方は，流動負債合計1,085,121百万円に対して流動資産合計が1,267,790百万円なので，116.8％となりました。こちらも，それほど高い比率とはいえませんが，すぐに現金化して支払いに充てることが可能な現金及び預金（これは当然ですが），受取手形及び売掛金，有価証券が流動資産の半分以上を占めているので（貸倒引当金を引いても），あまり心配しなくても大丈夫そうです。また，商品及び製品，仕掛品（これは造りかけの未完成品のこと），原材料及び貯蔵品が棚卸資産ですが，棚卸資産が販売される速さを示す棚卸資産回転率（売上高／棚卸資産）は9.3と高いので，それらも早く販売されそうです。

　有形固定資産のほとんどは自動車などを製造するための設備ですが，実は建物及び構築物のうち10,795百万円，機械装置及び運搬具のうち66,849百万円，土地のうち3,641百万円，工具，器具及び備品のうち734百万円，合計82,020百

◀第13章　自動車メーカー（スズキ）の財務諸表を読む▶

スズキの貸借対照表

区　分	金額（百万円）	区　分	金額（百万円）
（資産の部）		（負債の部）	
Ⅰ　流動資産		Ⅰ　流動負債	
1．現金及び預金	136,915	1．買掛金	368,811
2．受取手形及び売掛金	249,289	2．短期借入金	❹ 399,010
3．有価証券	343,503	3．1年内償還予定の転換社債	29,605
4．商品及び製品	❶ 252,255	4．未払費用	138,244
5．仕掛品	23,620	5．未払法人税等	6,285
6．原材料及び貯蔵品	48,664	6．製品保証引当金	57,371
7．繰延税金資産	99,121	7．役員賞与引当金	270
8．その他	118,336	8．その他	85,523
9．貸倒引当金	△ 3,915	流動負債合計	1,085,121
流動資産合計	❷ 1,267,790	Ⅱ　固定負債	
		1．新株予約権付社債	149,975
		2．長期借入金	❺ 102,757
		3．繰延税金負債	5,385
Ⅱ　固定資産		4．退職給付引当金	42,090
1．有形固定資産		5．役員退職慰労引当金	1,600
(1) 建物及び構築物	128,764	6．製造物賠償責任引当金	7,193
(2) 機械装置及び運搬具	231,871	7．リサイクル引当金	1,230
(3) 工具，器具及び備品	25,649	8．その他	19,580
(4) 土地	164,822	固定負債合計	329,813
(5) 建設仮勘定	37,853	負債合計	1,414,934
有形固定資産合計	❸ 588,962	（純資産の部）	
2．無形固定資産		Ⅰ　株主資本	
(1) のれん	791	1．資本金	120,210
(2) その他	1,691	2．資本剰余金	138,142
無形固定資産合計	2,483	3．利益剰余金	❻ 735,337
3．投資その他の資産		4．自己株式	△ 241,878
(1) 投資有価証券	121,631	株主資本合計	751,812
(2) 長期貸付金	24,807	Ⅱ　評価・換算差額等	
(3) 繰延税金資産	124,246	1．その他有価証券評価差額金	2,309
(4) その他	31,996	2．繰延ヘッジ損益	△ 324
(5) 貸倒引当金	△ 1,054	3．為替換算調整勘定	△ 114,364
(6) 投資損失引当金	△ 3,014	評価・換算差額等合計	△ 112,379
投資その他の資産合計	298,612	Ⅲ　少数株主持分	103,482
固定資産合計	890,058	純資産合計	❼ 742,915
資産合計	2,157,849	負債純資産合計	2,157,849

❶ 棚卸資産回転率は9.3と高く，これらも早く販売される
❷ 流動比率は116.8％と高くはないが，現金化して支払いに充てられる資産の割合が高い
❸ 自動車などを製造するための設備（この会社はインドに進出していて，このうちの多くがインドの子会社のもの）
❹ 借入金はそれほど多くない　　❺ 借入金はそれほど多くない
❻ 個別貸借対照表上のその他資本剰余金は11,564百万円，その他利益剰余金は378,863百万円なので，配当を行える状態にあるようだ（ただし，自己株式の額は引いて考える）
❼ 自己資本比率は29.6％と高くはないが，借入金はそれほど多くない

万円が，インドにある子会社のマルチ・スズキ・インディアのものです（機械装置及び運搬具は，グループ全体の実に28.8％）。先ほどアジアに対する売上の割合が高いといいましたが，この会社は，アジア，特にインドに進出しています。インドには2つの子会社があるのですが，そのうちマルチ・スズキ・インディアという会社の存在が大きく，売上高のうち15.4％の462,552百万円が同社によるものなのです。

　ROA（総資産利益率）とROE（株主資本利益率）はどうでしょうか。ROA（利益／総資産×100）の方は，利益に経常利益79,675百万円，総資産に期首と期末の平均値2,283,507百万円を用いて計算して，3.5％となります。そして，ROE（利益／株主資本×100）の方は，利益に当期純利益27,429百万円，株主資本に期首と期末の平均値（評価・換算差額等も合わせて）709,021百万円を用いて計算して，3.9％となります。東京証券取引所に上場している輸送用機器の会社の平成20年3月期のROAの平均が7.12％，ROEの平均が12.79％なので（東京証券取引所調べ），それらと比べるとかなり低いようです。しかし，この会社の平成20年3月期のROAは6.6％，ROEは10.6％でしたので，今回は業績が悪化しているため，特に低い比率になっているようです。

（4）キャッシュ・フロー計算書を読む

　まず現金及び現金同等物の増減を見ると，28,571百万円の減少です（損益計算書の当期純利益は27,429百万円）。次に各キャッシュ・フローを見ると，営業活動によるキャッシュ・フローがプラス34,241百万円（損益計算書の営業利益は76,926百万円，経常利益は79,675百万円），投資活動によるキャッシュ・フローがマイナス262,908百万円，財務活動によるキャッシュ・フローがプラス232,870百万円です。

　全体として現金及び現金同等物が減少していますが，営業活動によるキャッシュ・フローがプラスなので，あまり心配しなくても大丈夫そうです。売上債権と棚卸資産が増加していると，注意が必要なのですが，どちらも増加していません。なお，有形固定資産の額が大きいため，減価償却費の額も大きくなっ

◀第13章　自動車メーカー（スズキ）の財務諸表を読む▶

スズキのキャッシュ・フロー計算書

区　分		金額（百万円）
Ⅰ　営業活動によるキャッシュ・フロー		
1．税金等調整前当期純利益		80,105
2．減価償却費	❶	141,203
3．減損損失		344
4．退職給付引当金の減少額		△ 3,860
5．受取利息及び受取配当金		△ 22,459
6．支払利息		9,278
7．持分法による投資損失		1,245
8．有価証券評価損		27,487
9．売上債権の減少額	❷	47,617
10．棚卸資産の減少額		60,713
11．仕入債務の減少額		△ 206,212
12．未払費用の減少額		△ 4,979
13．その他		△ 62,081
小計		68,401
14．利息及び配当金の受取額		20,864
15．利息の支払額		△ 7,494
16．法人税等の支払額		△ 47,530
営業活動によるキャッシュ・フロー	❸	34,241
Ⅱ　投資活動によるキャッシュ・フロー		
1．定期預金の預入による支出		△ 93,789
2．定期預金の払戻による収入		55,545
3．有価証券の取得による支出		△ 8,207
4．有価証券の売却による収入		8,586
5．有形固定資産の取得による支出	❹	△ 202,201
6．有形固定資産の売却による収入		5,041
7．投資有価証券の取得による支出		△ 23,997
8．投資有価証券の売却による収入		3,002
9．出資金の払込による支出		△ 1
10．貸付けによる支出		△ 7,728
11．貸付金の回収による収入		1,119
12．その他		△ 277
投資活動によるキャッシュ・フロー		△ 262,908
Ⅲ　財務活動によるキャッシュ・フロー		
1．短期借入金の純増加額		213,576
2．長期借入れによる収入		52,792
3．長期借入金の返済による支出		△ 1,963
4．配当金の支払額	❺	△ 7,218
5．少数株主への配当金の支払額		△ 1,895
6．自己株式の取得による支出	❻	△ 22,384
7．自己株式の売却による収入		3
8．その他		△ 39
財務活動によるキャッシュ・フロー		232,870
Ⅳ　現金及び現金同等物に係る換算差額		△ 32,775
Ⅴ　現金及び現金同等物の減少額		△ 28,571
Ⅵ　現金及び現金同等物の期首残高		456,369
Ⅶ　現金及び現金同等物の期末残高		427,797

❶ 有形固定資産の額が大きいため，減価償却費の額も大きい

❷ 売上債権と棚卸資産，ともに増加していないので，安心

❸ 営業活動によるキャッシュ・フローがプラスなので，安心

❹ 生産設備への投資を活発に行っている（これには海外の子会社によるものもかなり含まれている）

❺ 安定配当を方針としていて，黒字を達成できる限りは配当を実施

❻ GMがこの会社の株式を売却した際，それを取得したもの

ています。

　投資活動によるキャッシュ・フローの中で最も額が大きいのは，有形固定資産の取得による支出です。これは生産設備などへの投資です。**設備投資を活発に行っていることがわかりますが，これには外国にある子会社における支出もかなり含まれています。**ちなみに，この会社は，平成22年3月期中に1,850億円の設備投資を計画しているのですが，そのうち1,020億円が，外国にある子会社と主要な関連会社におけるものです。

　財務活動によるキャッシュ・フローの中で最も額が大きいのは，自己株式の取得による支出です。前の章でとり上げた日本綜合地所もかなりの自己株式を取得していましたが，この会社による自己株式の取得は，それとは異なる理由によるものです。この会社は平成20年11月18日に16,413,000株（発行済株式総数の3％）の自己株式を22,370,919,000円で取得したのですが，これは，提携関係にあった米国のゼネラルモーターズ（その後，破綻した）が，保有していたこの会社の株式を売却した際，それを取得したものです。

　なお，株主への配当も行っています。この会社は，安定的に配当を行うことを方針としていて，黒字を達成できる限りは配当を行うようです。

◆第13章　自動車メーカー（スズキ）の財務諸表を読む▶

•••まとめ•••

- 海外に対する売上の減少と円高の進行により，前期よりも売上高が減少。しかし，アジアに対する売上の割合が高いため，ほかの自動車メーカーよりも売上高の減少を抑えることができた。
- 費用の削減を考える場合，売上原価の削減は困難なため，まず販売費及び一般管理費の削減を考えるが，その中の費用を一律に減らすべきではない。この会社も，広告宣伝費などは前期よりも減らしているが，研究開発費は前期よりも増やしている。
- この会社が黒字を達成できたのは，売上の減少を抑えることができ，かつ，販売費及び一般管理費を上手く削減することができたため。
- 流動比率が高くないが，現金化して支払いに充てることが可能な資産の割合が高く，また，棚卸資産回転率も高いので，心配しなくても大丈夫そうである。
- 売上債権と棚卸資産が減少していて，営業活動によるキャッシュ・フローがプラスなので，安心できる。
- 投資活動によるキャッシュ・フローの中の有形固定資産の取得による支出から，設備投資を活発に行っていることがわかる（外国にある子会社における支出もかなり含まれている）。

コラム　株主優待について

　株式投資によって得られるものといえば，キャピタルゲインとインカムゲインの2つだと思いますが，実はそれら以外にも得られるものがあります。それは株主優待です。株主優待とは，会社が株主に与えるサービスで，これが株式投資の目的であるという方もいるかもしれません。

　配当と株主優待は何が違うのかというと，配当はお金を支払うものであるのに対して，株主優待は物やサービスを提供するものです。参考として，本書でとり上げた会社の株主優待の内容を以下にあげておきます。それぞれの会社の特徴が表れているかと思います。

　また，配当は行える額が法律（会社法）で決められていますが（「**第4章　学習塾（東京個別指導学院）の財務諸表を読む**」の中の「**●用語解説●　分配可能額**」を参照），株主優待については特に決まりはありません（ただし，あまりにすごい内容で，会社の多くの財産を減らしてしまうようだと，当然問題に）。

　なお，本書では，財務諸表を読んで，その会社の発行する株式からキャピタルゲインとインカムゲインを得ることができるかどうかを判断する方法を説明しています。それでは，株主優待を得ることができるかどうかや，その内容は，何を読めばわかるのでしょうか。

　よく投資雑誌などで株主優待に関する特集が組まれているので，それを読んでもいいかもしれません。しかし，それにはすべての会社の情報が記載されているわけではありません。実はこの株主優待の情報も有価証券報告書を見れば，わかるのです。「第6　提出会社の株式事務の概要」に記載されているのですが，このように有価証券報告書には，本当に会社のほぼすべての情報が記載されています（有価証券報告書については「**第6章　財務諸表はどこにあるか？**」を参照）。

本書でとり上げた会社の株主優待

くらコーポレーション	年1回，4月末日現在の株主名簿及び実質株主名簿に記載された株主に対し，1株以上3,000円相当，5株以上5,000円相当，10株以上10,000円相当の優待食事券又は自社商品詰合せセットを贈呈
エノテカ	1．割引券の贈呈 　(1) 内容 　　　1株以上保有の株主に対し2,000円相当の，5株以上保有の株主に対し5,000円相当の優待割引券を贈呈

	(2) 対象 　　毎年3月末日及び9月末日時点で，1株以上保有の株主が対象 2．株主セール開催 　(1) 内容 　　株主限定セールを開催 　(2) 対象 　　毎年3月末日及び9月末日時点で，1株以上保有の株主が対象 3．プリムール先行販売 　(1) 内容 　　プリムール販売に先立ち，先行販売 　(2) 対象 　　毎年3月末日現在で，1株以上保有の株主が対象
東京個別指導学院	毎年2月，8月各末日の単元株以上所有株主に対し，当社の運営する各教室での授業受講生が利用できる優待割引券を贈呈
ルネサンス	100株保有の株主1名につき一律2枚の株主優待券を年2回贈呈
ファーストリテイリング	なし
日本マクドナルドホールディングス	毎年6月30日，12月31日現在100株以上保有している株主に対し，マクドナルドで利用できる「優待食事券」を以下の基準により贈呈 1．100株・200株保有株主　　優待食事券1冊 2．300株・400株保有株主　　優待食事券3冊 3．500株以上保有株主　　　優待食事券5冊
キリンホールディングス	毎年12月31日現在1,000株以上保有の株主に，グループ会社商品等を贈呈（年1回）
セブン＆アイ・ホールディングス	なし
日本綜合地所	なし
スズキ	1．対象 　　毎年3月31日現在の株主名簿に記載された1単元（100株）以上を保有の株主 2．内容 　　当社の欧州生産拠点マジャール　スズキ社の所在国ハンガリーの産品「ハンガリーアカシアはちみつ」と天然のミネラルを豊富にバランスよく含んだドイツ原産の「岩塩」の詰め合わせ

フジ・メディア・ホールディングス	毎年3月31日現在の最終の株主名簿に記載又は記録された1株以上を保有する株主を対象に株主優待を実施 平成21年3月31日現在の株主に対する優待は次のとおり（希望の品物いずれか一点） 1．アナウンサーオリジナル・クオカード（額面500円） 2．フジテレビCS放送オリジナルグッズ 3．魚沼産新米コシヒカリ 4．（株）扶桑社　雑誌無料購読券（2ヶ月分）
全日本空輸	毎年3月31日及び9月30日現在の株主に対し，所有株数に応じて当社の営業する国内定期航空路線の優待定期航空路線の優待割引券を交付 また，毎年3月31日及び9月30日現在の株主に対し，当社グループ各社の優待割引券を交付

第14章 テレビ局（フジテレビ）の財務諸表を読む

　この章で読むのは，株式会社フジ・メディア・ホールディングス（銘柄コード：4676）の平成21年3月期（平成20年4月1日～平成21年3月31日）の財務諸表です。

（1）番組が商品のテレビ局

　会社名に「ホールディングス」が付いていることからわかるように，この会社は持株会社です。フジテレビやニッポン放送など26社の子会社があるのですが，その中で規模が大きく中心となるのは，やはりフジテレビです。したがって，今回はフジテレビの財務諸表を見るといった感じになります。

　会社は，商品やサービスをその消費者に提供します。自動車メーカーであれば，自動車をそれに乗る人達に提供します。テレビ局は何を誰に提供するのでしょうか。それが，テレビ局の財務諸表を読むに当たってのポイントになります。

（2）損益計算書を読む

　まず売上高563,320百万円に対して売上原価が383,524百万円で，売上総利益は，売上高563,320百万円－売上原価383,524百万円＝179,796百万円となり，売上高売上総利益率（売上総利益／売上高×100）は31.9%です。これは高めの比率といえるでしょう。

　売上高の多くは放送事業によるもので，その中味は広告収入です。それに対して，売上原価の多くは番組を作るためにかかった費用で，番組の出演者に支払った出演料もこれに含まれます。

159

フジ・メディア・ホールディングスの損益計算書

区　分	金　額（百万円）	
Ⅰ　売上高	❶	563,320
Ⅱ　売上原価	❷	383,524
売上総利益		179,796
Ⅲ　販売費及び一般管理費	❸	159,966
営業利益		19,830
Ⅳ　営業外収益		
1．受取利息	541	
2．受取配当金	2,349	
3．持分法による投資利益	1,568	
4．受取賃貸料	855	
5．負ののれん償却額	719	
6．その他	561	6,596
Ⅴ　営業外費用		
1．支払利息	❹ 897	
2．投資事業組合運用損	❺ 1,183	
3．賃貸費用	691	
4．為替差損	769	
5．その他	519	4,060
経常利益	❻	22,365
Ⅵ　特別利益		
1．固定資産売却益	216	
2．投資有価証券売却益	4	
3．受取和解金	❼ 30,899	
4．その他	108	31,229
Ⅶ　特別損失		
1．固定資産売却損	456	
2．固定資産除却損	260	
3．減損損失	2,967	
4．投資有価証券売却損	813	
5．投資有価証券評価損	12,512	
6．会員権評価損	122	
7．会員権売却損	18	
8．その他	750	17,902
税金等調整前当期純利益		35,692
法人税，住民税及び事業税	17,884	
法人税等調整額	1,356	19,241
少数株主損失	❽	△ 115
当期純利益		16,567

❶ 多くは広告収入　❷ 多くは番組制作費用(広告主に番組を販売している)
❸ 最も額が大きいのは代理店手数料（広告代理店に支払う），次は人件費（テレビ局は給料が高いことで有名）　❹ 借入金が少ない
❺ ファンドにお金を出したが，その運用が上手くいかず，出したお金が小さくなってしまった
❻ 売上高経常利益率は4.0％と売上高営業利益率3.5％よりも低くなった
❼ 株式会社LDH（旧株式会社ライブドア）から支払われたもの
❽ 引くのではなく足している（子会社の損失を少数株主に配分）

◀第14章　テレビ局（フジテレビ）の財務諸表を読む▶

　この売上高と売上原価の対応関係はピンとこないかもしれませんが，**広告主に対して番組を販売しているのだと考えると，わかりやすいでしょう**。番組を高めの価格で販売することができているようですが，この不景気のなか広告主である企業は広告費用を減らしつつあり（前の章でとり上げたスズキも減らしていました），番組の価格も低くせざるを得ない傾向にあるようです（売上高は前期の575,484百万円よりも減少）。

　次に販売費及び一般管理費が159,966百万円発生し，営業利益は，売上総利益179,796百万円－販売費及び一般管理費159,966百万円＝19,830百万円となり，売上高営業利益率（営業利益／売上高×100）は3.5％となりました。売上高売上総利益率よりもずっと低い比率です。販売費及び一般管理費をまかなうため，番組は高めの価格で販売せざるを得ないんですね。

　販売費及び一般管理費のうち最も額が大きいのは代理店手数料56,488百万円なのですが，これは広告代理店に支払ったものです。実は広告収入は広告主の企業から直接ではなく，広告代理店を通じて入ってきます。そして，広告代理店に対して，このように手数料を支払うのです（これが広告代理店の利益になる）。次に額が大きいのは人件費28,067百万円です。テレビ局は給料が高いことで有名ですね。

　営業外収益と営業外費用を見ると，営業外収益の方が営業外費用よりも大きく，経常利益は，営業利益19,830百万円＋営業外収益6,596百万円－営業外費用4,060百万円＝22,365百万円となり，売上高経常利益率（経常利益／売上高×100）は4.0％と，売上高営業利益率よりも少し高くなりました。営業外費用の中で最も額が大きいのは投資事業組合運用損ですが，投資事業組合とはファンドといわれるもので，投資家からお金を集めて，それを運用（大きくしてあげる）するものです。この投資事業組合運用損は，ファンドにお金を出したものの，その運用が上手くいかず，出したお金が小さくなってしまったものです。

　特別利益と特別損失も，特別利益の方が特別損失よりも大きく，税金等調整前当期純利益は，経常利益22,365百万円＋特別利益31,229百万円－特別損失17,902百万円＝35,692百万円と，経常利益よりも大きくなりました。特別利益

の中で最も額が大きいのは受取和解金ですが，これは株式会社LDH（旧株式会社ライブドア）から支払われたものです。同社が開示した虚偽の情報に基づき同社の株式を取得して損害を被ったとして，同社を訴えていたのです。

最後に税金等調整前当期純利益から，通常であれば税金と少数株主利益を引いて当期純利益を出すのですが，ここでは少数株主損失115百万円を引くのではなく，それに足しています。100％子会社ではない，少数株主がいる子会社が赤字のため，その損失を少数株主に配分しているのです。営業外収益の中には持分法による投資利益があり，関連会社の業績は良かったようですが，100％子会社以外の子会社の業績は良くなかったようです。

（3）貸借対照表を読む

まず純資産の割合を見ると，負債純資産合計（＝資産合計）683,523百万円に対して純資産合計が453,395百万円なので，自己資本比率（純資産合計／負債純資産合計×100）は65.7％となりました（純資産合計からは少数株主持分4,604百万円を引いて計算）。かなり余裕があるといえます。借入金や社債の額は大きくありません（損益計算書の営業外費用の中の支払利息の額も大きくありませんでした）。

なお，この会社の個別の貸借対照表上のその他利益剰余金は115,765百万円あり（その他資本剰余金はなし），配当（自己株式の取得も）を行える状態にあるようです。

流動比率（流動資産／流動負債×100）の方も，流動負債合計121,613百万円に対して流動資産合計が294,369百万円なので242.1％となり，こちらを見ても，かなり余裕があるといえます。

資産のうち流動資産を見ると，棚卸資産（番組の制作費用）の額が小さいことがわかります。棚卸資産が販売される速さを示す棚卸資産回転率（売上高／棚卸資産）は27.9とかなり高く，**作った番組はすぐに放送されるようです（すなわち，すぐに広告主に販売されて売上原価になる）**。内容にもよりますが，番組は時間が経つとすぐに時流と合わなくなってしまうので，これは当然とい

◀第14章 テレビ局（フジテレビ）の財務諸表を読む▶

フジ・メディア・ホールディングスの貸借対照表

区　分	金額(百万円)	区　分	金額(百万円)
(資産の部)		(負債の部)	
Ⅰ　流動資産		Ⅰ　流動負債	
1．現金及び預金	69,265	1．支払手形及び買掛金	51,283
2．受取手形及び売掛金	110,060	2．短期借入金	5,188
3．有価証券	60,269	3．未払法人税等	10,677
4．棚卸資産 ❶	20,213	4．返品調整引当金	714
5．繰延税金資産	5,643	5．役員賞与引当金	321
6．その他	29,405	6．その他	53,427
7．貸倒引当金	△ 487	流動負債合計	121,613
流動資産合計 ❷	294,369	Ⅱ　固定負債	
		1．社債 ❺	49,989
Ⅱ　固定資産		2．長期借入金	3,225
1．有形固定資産		3．繰延税金負債	5,556
(1) 建物及び構築物	108,275	4．退職給付引当金	34,046
(2) 機械装置及び運搬具	20,528	5．役員退職慰労引当金	2,312
(3) 土地	26,348	6．負ののれん	9,332
(4) 建設仮勘定	5,537	7．その他	4,050
(5) その他	5,961	固定負債合計	108,514
有形固定資産合計 ❸	166,652	負債合計	230,127
2．無形固定資産		(純資産の部)	
(1) のれん	5,936	Ⅰ　株主資本	
(2) 借地権	15,356	1．資本金	146,200
(3) ソフトウェア	18,448	2．資本剰余金	173,664
(4) その他	6,110	3．利益剰余金 ❻	154,913
無形固定資産合計	45,851	4．自己株式	△ 15,505
3．投資その他の資産		株主資本合計	459,273
(1) 投資有価証券 ❹	150,953	Ⅱ　評価・換算差額等	
(2) 長期貸付金	423	1．その他有価証券評価差額金	△ 7,782
(3) 繰延税金資産	12,063	2．土地再評価差額金	358
(4) その他	14,963	3．為替換算調整勘定	△ 3,057
(5) 貸倒引当金	△ 1,754	評価・換算差額等合計	△ 10,482
投資その他の資産合計	176,649	Ⅲ　少数株主持分	4,604
固定資産合計	389,153	純資産合計 ❼	453,395
資産合計	683,523	負債純資産合計	683,523

❶ 棚卸資産回転率は27.9とかなり高く，作った番組はすぐに放送されている
❷ 流動比率は242.1％とかなり高い
❸ 放送事業には様々な設備が必要（このほとんどはフジテレビのもの）
❹ 非連結子会社と関連会社の株式も含まれる
❺ 借入金や社債は多くない
❻ 個別貸借対照表上のその他利益剰余金は115,765百万円なので，配当を行える状態にあるようだ
❼ 自己資本比率は65.7％と高く，余裕がある

えるでしょう。

　固定資産を見ると，やはり放送事業には様々な設備が必要であるため，有形固定資産の額が大きいことがわかります。この有形固定資産のほとんどはフジテレビのもので，あのお台場にある施設もこれに含まれています。また，投資その他の資産の額も大きいのですが，投資有価証券には非連結子会社と関連会社の株式も含まれていて，その額は39,799百万円です。

　ROA（総資産利益率）とROE（株主資本利益率）を確認しておきます。ROA（利益／総資産×100）の方は，利益に経常利益22,365百万円，総資産に期首と期末の平均値680,262百万円を用いて計算して，3.3％となります。そして，ROE（利益／株主資本×100）の方は，利益に当期純利益16,567百万円，株主資本に期首と期末の平均値（評価・換算差額等も合わせて）450,061百万円を用いて計算して，3.7％となります。どちらもそれほど高くはありません。もしかするとあまり効率的な経営を行えていないのかもしれません。

（4）キャッシュ・フロー計算書を読む

　まず現金及び現金同等物の増減を見ると，33,553百万円の増加です（損益計算書の当期純利益は16,567百万円）。次に各キャッシュ・フローを見ると，営業活動によるキャッシュ・フローがプラス84,760百万円（損益計算書の営業利益は19,830百万円，経常利益は22,365百万円），投資活動によるキャッシュ・フローがマイナス36,728百万円，財務活動によるキャッシュ・フローがマイナス9,410百万円です。

　全体として現金及び現金同等物が増加していますし，営業活動によるキャッシュ・フローも，売上債権や棚卸資産の増加がなく，プラスなので，健全だといえるでしょう。なお，有形固定資産の額が大きいため，減価償却費の額も大きくなっています。

　投資活動によるキャッシュ・フローの中で最も額が大きいのは，有形固定資産の取得による支出です。設備投資を活発に行っているようですが，そのうちの多くは，ハイビジョン放送対応や地上波デジタル放送対応のためのものです

◀第14章　テレビ局（フジテレビ）の財務諸表を読む▶

フジ・メディア・ホールディングスのキャッシュ・フロー計算書

区　分		金額（百万円）
Ⅰ　営業活動によるキャッシュ・フロー		
1．税金等調整前当期純利益		35,692
2．減価償却費	❶	24,087
3．減損損失		2,967
4．のれん償却額		1,530
5．貸倒引当金の増加額		165
6．その他引当金の増加額		2,487
7．受取利息及び受取配当金		△ 2,891
8．支払利息		897
9．為替差損		541
10．持分法による投資利益		△ 1,568
11．固定資産除売却損		500
12．投資有価証券売却損		809
13．投資有価証券評価損		12,512
14．和解金		△ 30,899
15．売上債権の減少額	❷	11,214
16．棚卸資産の減少額		1,703
17．仕入債務の減少額		△ 2,932
18．その他		2,398
小計		59,215
19．利息及び配当金の受取額		3,297
20．利息の支払額		△ 894
21．法人税等の支払額		△ 10,057
22．法人税等の還付額		2,300
23．和解金の受取額		30,899
営業活動によるキャッシュ・フロー	❸	84,760
Ⅱ　投資活動によるキャッシュ・フロー		
1．有価証券の取得による支出		△ 10,000
2．有価証券の売却及び償還による収入		2,386
3．有形固定資産の取得による支出	❹	△ 13,497
4．有形固定資産の売却による収入		629
5．無形固定資産の取得による支出		△ 5,812
6．投資有価証券の取得による支出		△ 5,058
7．投資有価証券の売却及び償還による収入		751
8．子会社株式の取得による支出		△ 2,917
9．連結範囲の変更を伴う子会社株式の取得による支出		△ 3,451
10．貸付けによる支出		△ 67
11．貸付金の回収による収入		239
12．その他		68
投資活動によるキャッシュ・フロー		△ 36,728
Ⅲ　財務活動によるキャッシュ・フロー		
1．短期借入金の純減少額		△ 985
2．長期借入れによる収入		700
3．長期借入金の返済による支出		△ 1,359
4．配当金の支払額	❺	△ 7,688
5．少数株主への配当金の支払額		△ 31
6．その他		△ 47
財務活動によるキャッシュ・フロー		△ 9,410
Ⅳ　現金及び現金同等物に係る換算差額		△ 3,067
Ⅴ　現金及び現金同等物の増加額		33,553
Ⅵ　現金及び現金同等物の期首残高		80,171
Ⅶ　新規連結に伴う現金及び現金同等物の増加額		913
Ⅷ　連結除外に伴う現金及び現金同等物の減少額		△ 40
Ⅸ　現金及び現金同等物の期末残高		116,598

❶ 有形固定資産の額が大きいため，減価償却費の額も大きい

❷ 売上債権と棚卸資産，ともに増加していない

❸ 全体として現金及び現金同等物が増加していて，営業活動によるキャッシュ・フローもプラスなので，健全と言える

❹ 多くはハイビジョン放送対応や地上波デジタル放送対応のための投資

❺ 株主に対して積極的に配当を支払っている

（10,548百万円）。地上波デジタル放送対応はテレビ局にとって大変そうです。自宅テレビの地上波デジタル放送対応を未だ行っていない筆者としても，面倒くさい問題です。

　財務活動によるキャッシュ・フローの中で最も額が大きいのは，配当金の支払額です。この会社は，利益が出たら，その額に応じて積極的に株主に対して配当金を支払うという方針をとっています。1株当たりに支払われた配当金は3,600円だったのですが，平成21年3月期中のこの会社の最高株価は183,000円，最低株価は101,800円だったので，投資家としては，銀行にお金を預けているよりは，この会社に投資した方が得であったといえるかもしれません。

◀第14章　テレビ局（フジテレビ）の財務諸表を読む▶

●●●まとめ●●●

- 放送事業による売上の中味は広告収入。それに対して，売上原価の中味は番組を作るためにかかった費用。広告主に対して番組を販売しているといえる。
- 販売費及び一般管理費のうち最も額が大きいのは代理店手数料（広告代理店に支払う），次に額が大きいのは人件費（テレビ局は給料が高いことで有名）。
- 自己資本比率と流動比率はともに高く，かなり余裕があるといえる。
- 棚卸資産回転率が高く，作った番組はすぐに放送されている。
- 放送事業には様々な設備が必要なため，有形固定資産の額が大きい（ほとんどがフジテレビのもの）。
- ROA（総資産利益率）と ROE（株主資本利益率）はあまり高くない（あまり効率的な経営を行えていないのかもしれない）。
- 売上債権や棚卸資産の増加がなく，営業活動によるキャッシュ・フローがプラスなので，健全といえる。
- 投資活動によるキャッシュ・フローの中の有形固定資産の取得による支出から，設備投資を活発に行っていることがわかる（その多くはハイビジョン放送対応や地上波デジタル放送対応のためのもの）
- この会社は，利益が出たら，その額に応じて積極的に株主に対して配当金を支払うという方針をとっていて，財務活動によるキャッシュ・フローの中では配当金の支払額が最も大きい。

コラム　TOBには申し込むべきか？

　TOB（Take Over Bid　公開買付け）とは，あらかじめ株式の買取価格を決めたうえで，株式市場外で株式を売却してくれる株主を募集して，株式を取得する方法です。株式市場外で株式を大量に取得する場合，すべての株主に公平に売却する機会を与えるため，それについての情報を公開して，売却したい株主を募集しなければならないこととされています。

　TOBにおける買取価格は，通常，その時点の株価よりも高く設定されます。そうしなければ，株主は株式を売却しないはずです。株価と同じか，それよりも低ければ，株式市場外で売却する意味はないからです。

　買取価格をその時点の株価よりも高く設定することは，TOBを行う側にとって不利なことのように思われます。しかし，そうとは限りません。ある会社の株式を株式市場で大量に取得しようとすると，株式の需要量が増えて株価が上がるため，それだけ多くのお金が必要になってしまいます。そのため，買取価格をその時点の株価よりも高く設定しても，株式市場外で取得した方が必要なお金が少なくて済むことになるのです。

　買取価格がその時点の株価よりも高く設定されるならば，株主はTOBに応募した方が得だといえるでしょう。仮に株式市場で株式を取得して，TOBに応募したとしたら，買取価格とその時点の株価との差額分の利益を得ることができます（通常，TOBが行われると，株価は買取価格に近づいていく）。

　しかし，TOBが行われた後，会社の経営の仕方が変わり，成長して，買取価格よりも株価が上昇するかもしれません。それならば，TOBに応募せず，株式を持っていた方が得だということになります。

　ただし，中には株式を手放さなければならないものがあります。それは，最終的に会社を上場廃止にすることが目的で，その実現可能性が高いものです。そうしたTOBでは既にかなりの株主から応募の合意を得ていて，すべての株式を取得できなくても，その後に合併などを行って上場廃止を実現できる目処が立っているのです。このようにTOBの後に合併などを行うことを二段階買収というのですが，その場合は遅かれ早かれ株式を手放さなくてはならなくなります。

　なお，TOBにおける買取価格は，通常，その時点の株価よりも高く設定されますが，低く設定される場合があります。そうしたら応募する株主はいないはずなので，不思議に思われるでしょう。なぜそうするかというと，応募者が既に決まっていて，ほかの株主が応募しないようにするためです。会社がTOBによって自己株式を取得する場合の多くでは，応募者が既に決まっていて（株式を売却したい大株主など），買取価格はその時点の株価よりも低く設定されます。

第15章 航空会社（全日本空輸）の財務諸表を読む

　この章で読むのは，全日本空輸株式会社（ANA，銘柄コード：9202）の平成21年3月期（平成20年4月1日～平成21年3月31日）の財務諸表です。

（1）JALに対してANAは？

　航空会社といえば，株式会社日本航空（JAL）とこの会社です。仕事や旅行などでこの会社の飛行機を利用される方が多いかと思います。筆者は飛行機嫌いなので，あまり利用しないのですが。

　JALの財務諸表についてはいたるところで分析されているようですので，ここではANAの財務諸表をとり上げることにしました。JALは経営破綻に陥りましたが，この会社は大丈夫なのでしょうか。

（2）損益計算書を読む

　上から営業収入，事業費，営業総利益と記載されていますが，営業収入は売上高，事業費は売上原価，営業総利益は売上総利益と考えて構いません。

　まず営業収入1,392,581百万円に対して事業費が1,124,805百万円で，営業総利益は，営業収入1,392,581百万円－事業費1,124,805百万円＝267,776百万円となり，売上高売上総利益率（営業総利益／営業収入×100）は19.2%です。JALの平成21年3月期の売上高売上総利益率は13.5%ですので，それよりは高いのですが，決して高い比率とはいえないでしょう。

　事業費の中で最も額が大きいのは燃料費です。やはり飛行機を飛ばすには，かなりお金がかかるようです。**問題は，乗客が100人でも1人でも，飛行機を飛ばすのにかかる費用は同じだということです。**したがって，売上が小さくな

全日本空輸の損益計算書

区　分	金　額（百万円）	
Ⅰ　営業収入		1,392,581
Ⅱ　事業費	❶	1,124,805
営業総利益	❷	267,776
Ⅲ　販売費及び一般管理費	❸	260,187
営業利益	❹	7,589
Ⅳ　営業外収益		
1．受取利息	1,553	
2．受取配当金	1,315	
3．為替差益	1,126	
4．資産売却益	❺　15,020	
5．持分法による投資利益	271	
6．その他	6,197	25,482
Ⅴ　営業外費用		
1．支払利息	❻　14,832	
2．資産売却損	2,574	
3．資産除却損	5,419	
4．退職給付会計基準変更時差異の処理額	6,534	
5．リース機返却時改修費用	303	
6．その他	3,318	32,980
経常利益	❼	91
Ⅵ　特別利益		
1．投資有価証券売却益	324	
2．補助金収入	111	
3．受取損害賠償金	678	
4．保険差益	❽　2,869	
5．その他	132	4,114
Ⅶ　特別損失		
1．固定資産除却損	220	
2．特別退職金	660	
3．投資有価証券評価損	❾　3,893	
4．独禁法手続関連費用	2,105	
5．その他	1,772	8,650
税金等調整前当期純損失		△ 4,445
法人税，住民税及び事業税	1,334	
法人税等調整額	△ 1,277	57
少数株主損失	❿	△ 242
当期純損失		△ 4,260

❶ 最も額が大きいのは燃料費　❷ 売上高売上総利益率は19.2%（売上が減少すると，これも低下）　❸ 最も額が大きいのは販売手数料（旅行代理店に支払う）　❹ 売上高営業利益率は0.5%（営業総利益と販売費及び一般管理費がほぼ同額）　❺ 常時発生するものであるため，特別損益ではなく営業外損益へ　❻ 借入金が多い　❼ 売上高経常利益率は0.0%と売上高営業利益率よりも低くなった　❽ 余分にもらえた保険金の額　❾ 多くの投資有価証券を所有しているため，多く発生　❿ 引くのではなく足している（子会社の損失を少数株主に配分）

れば，売上高売上総利益率も低下することになります。売上高売上総利益率を高めるためには，売上を伸ばすか，飛行機を小さいものにするなどして，費用を抑えなければなりません。

営業収入のうち1,120,945百万円が航空運送事業によるもの，171,117百万円が旅行事業によるものであり，航空運送事業のほか，旅行事業なども行っているのですが，それらも航空運送事業に関係するものであり，全体の業績は航空運送事業の業績次第になります。航空運送事業は景気の影響を受けやすく（景気が悪いと，人や物が動かなくなる），営業収入は平成19年3月期以降減少していて，売上高売上総利益率も低下しています。

次に販売費及び一般管理費が260,187百万円発生し，営業利益は，営業総利益267,776百万円－販売費及び一般管理費260,187百万円＝7,589百万円となり，売上高営業利益率（営業利益／営業収入×100）は0.5％となりました。売上高売上総利益率よりもずっと低い比率です。何とか営業利益はプラスですが，営業総利益と販売費及び一般管理費はほぼ同額であり，売上高がこれ以上減少するとマイナス（営業損失）になってしまいます。売上高の増大か費用の削減のための方法を考える必要があります。

なお，販売費及び一般管理費のうち最も額が大きいのは88,736百万円の販売手数料です。これは，航空チケットを販売する旅行代理店などに支払うものです。そういえば，前の章でとり上げたテレビ局の販売費及び一般管理費のうち最も額が大きいのも，広告代理店に支払う手数料でした。

営業外収益と営業外費用を見ると，営業外費用の方が営業外収益よりも大きく，経常利益は，営業利益7,589百万円＋営業外収益25,482百万円－営業外費用32,980百万円＝91百万円となり，売上高経常利益率（経常利益／営業収入×100）は0.0％と，売上高営業利益率よりも低くなりました。支払利息の額が大きいため，借入金の額が大きいことが予想されます。

営業外収益の中に資産売却益，営業外費用の中に資産売却損と資産除却損があります。固定資産の売却損益や除却損は，通常，特別利益，特別損失にするのですが，これらは常時発生するものなので，営業外収益，営業外費用にして

いるのでしょう。また，営業外収益の中に持分法による投資利益があるため，関連会社の業績は良かったことがわかります。

特別利益と特別損失も，特別損失の方が特別利益よりも大きく，税金等調整前当期純利益は，経常利益91百万円＋特別利益4,114百万円－特別損失8,650百万円＝△4,445百万円と，マイナス（税金等調整前当期純損失）になってしまいました。特別損失の中で最も額が大きいのは投資有価証券評価損ですが，後で見るようにこの会社は多くの投資有価証券を所有しています。

なお，特別利益の中で最も額が大きいのは保険差益ですが，これは余計にもらえた保険金の額です。火災により航空機が使えなくなり，それに対して保険金が支払われたのですが，使えなくなった航空機の額よりも保険金の額がこれだけ多かったのです。

最後に税金等調整前当期純損失から，通常であれば税金と少数株主利益を引くのですが，前の章でとり上げた株式会社フジ・メディア・ホールディングスと同様，ここでも少数株主損失242百万円を足しています。100％子会社ではない，少数株主がいる子会社が赤字のため，その損失を少数株主に配分しているのです。ちなみに，この連結財務諸表は，この会社とその102社の子会社とのものです。

（3）貸借対照表を読む

まず純資産の割合を見ると，負債純資産合計（＝資産合計）1,761,065百万円に対して純資産合計が325,797百万円なので，自己資本比率（純資産合計／負債純資産合計×100）は18.3％となりました（純資産合計からは少数株主持分3,914百万円を引いて計算）。

JAL（10.0％）よりは高いものの，決して高い比率とはいえません。先ほど見たように当期は赤字であったため，前期よりも低下していることになります（損失の額だけ繰越利益剰余金を減らして，純資産の額が減るため）。損益計算書の営業外費用の中の支払利息の額が大きかったとおり，多くの借入金があります。

◂第15章　航空会社（全日本空輸）の財務諸表を読む▸

全日本空輸の貸借対照表

区　分	金額（百万円）	区　分	金額（百万円）
（資産の部）		（負債の部）	
Ⅰ　流動資産		Ⅰ　流動負債	
1．現金及び預金	59,668	1．支払手形及び営業未払金	148,919
2．営業未収入金	89,179	2．短期借入金　❺	46,571
3．有価証券	84,483	3．1年内返済予定の長期借入金	81,111
4．商品　❶	5,927	4．1年内償還予定の社債	30,000
5．貯蔵品	51,192	5．リース債務	11,780
6．繰延税金資産	73,296	6．未払法人税等	1,349
7．その他	83,399	7．賞与引当金	12,317
貸倒引当金	△ 471	8．独禁法関連引当金	16,198
流動資産合計　❷	446,673	9．その他	154,875
		流動負債合計	503,120
		Ⅱ　固定負債	
		1．社債　❻	135,000
Ⅱ　固定資産		2．長期借入金	546,975
1．有形固定資産		3．リース債務	45,799
(1) 建物及び構築物	104,047	4．退職給付引当金	116,917
(2) 航空機	633,111	5．役員退職慰労引当金	572
(3) 機械装置及び運搬具	22,814	6．繰延税金負債	70
(4) 工具，器具及び備品	13,509	7．負ののれん	2,056
(5) 土地	45,836	8．その他	84,759
(6) リース資産	54,653	固定負債合計	932,148
(7) 建設仮勘定	206,298	負債合計	1,435,268
有形固定資産合計　❸	1,080,268	（純資産の部）	
2．無形固定資産	62,934	Ⅰ　株主資本	
		1．資本金	160,001
		2．資本剰余金	125,720
3．投資その他の資産		3．利益剰余金　❼	123,830
(1) 投資有価証券　❹	54,748	4．自己株式	△ 6,394
(2) 長期貸付金	3,196	株主資本合計	403,157
(3) 繰延税金資産	81,589	Ⅱ　評価・換算差額等	
(4) その他	32,546	1．その他有価証券評価差額金	1,391
貸倒引当金	△ 1,073	2．繰延ヘッジ損益	△ 82,597
投資その他の資産合計	171,006	3．為替換算調整勘定	△ 68
固定資産合計	1,314,208	評価・換算差額等合計	△ 81,274
		Ⅲ　少数株主持分	3,914
繰延資産合計	184	純資産合計　❽	325,797
資産合計	1,761,065	負債純資産合計	1,761,065

❶ 事業の内容から棚卸資産の額は小さい　❷ 流動比率は88.8%と低く，余裕がない
❸ 有形固定資産，中でも特に航空機の額が大きい
❹ 非連結子会社と関連会社の株式も含まれる
❺ 借入金や社債が多い　❻ 借入金や社債が多い
❼ 個別貸借対照表上のその他資本剰余金は30,309百万円，その他利益剰余金は98,279百万円なので，配当を行える状態にあるようだ　❽ 自己資本比率は18.3%とかなり低い

なお，この会社の個別の貸借対照表上のその他資本剰余金は30,309百万円，その他利益剰余金は98,279百万円あり，配当（自己株式の取得も）を行える状態にあるようです。

流動比率（流動資産／流動負債×100）の方も，流動負債合計503,120百万円に対して流動資産合計が446,673百万円なので88.8％と，こちらも余裕がありません。流動資産の中の現金及び預金の額が小さいことも気になります。

流動資産の上から2番目に記載されている営業未収入金は売掛金と同じに考えて構いません。旅行代理店などに対するもので，支払いが滞るようなことは少ないためか，その額は大きくありません。

また，事業の内容から棚卸資産の額も大きくありません。一応，棚卸資産が販売される速さを示す棚卸資産回転率（売上高／棚卸資産）を計算してみると，24.4ですが，売上高（営業収入）が商品などを販売した額というわけではないので，あまり意味がないでしょう。

固定資産を見ると，有形固定資産の額が大きいのですが，そのうち最も額が大きいのは，やはり航空機です。投資その他の資産の中の投資有価証券の額も大きいのですが，その中には非連結子会社（規模が小さく重要性が低いため，連結財務諸表に含めない）と連結子会社の株式14,129百万円も含まれています。

ROA（総資産利益率）とROE（株主資本利益率）を確認しておきます。ROA（利益／総資産×100）の方は，利益に経常利益91百万円，総資産に期首と期末の平均値1,772,229百万円を用いて計算して，0.0％となります。そして，ROE（利益／株主資本×100）の方は，利益に当期純損失△4,260百万円，株主資本に期首と期末の平均値（評価・換算差額等も合わせて）387,428百万円を用いて計算して，△1.1％となります。JALのROAは△4.2％，ROEは△20.1％で，それらよりは高いものの，かなり低い比率です。

（4）キャッシュ・フロー計算書を読む

まず現金及び現金同等物の増減を見ると，36,528百万円の減少です（損益計算書の当期純損失は△4,260百万円）。次に各キャッシュ・フローを見ると，営

◀第15章　航空会社（全日本空輸）の財務諸表を読む▶

全日本空輸のキャッシュ・フロー計算書

区　分		金額（百万円）
Ⅰ　営業活動によるキャッシュ・フロー		
1．税金等調整前当期純損失		△ 4,445
2．減価償却費	❶	112,881
3．固定資産売却損益及び除却損		△ 6,696
4．有価証券売却損益及び評価損益		3,570
5．貸倒引当金の増加額		164
6．退職給付引当金の増加額		4,671
7．支払利息		14,832
8．受取利息及び受取配当金		△ 2,868
9．為替差損		675
10．特別退職金		660
11．売上債権の減少額	❷	29,024
12．その他債権の減少額		7,022
13．仕入債務の減少額		△ 34,342
14．その他		△ 32,401
小　計		92,747
15．利息及び配当金の受取額		2,887
16．利息の支払額		△ 14,591
17．法人税等の支払額		△ 120,166
18．特別退職金の支払額		△ 660
営業活動によるキャッシュ・フロー	❸	△ 39,783
Ⅱ　投資活動によるキャッシュ・フロー		
1．有形固定資産の取得による支出	❹	△ 116,386
2．有形固定資産の売却による収入		42,588
3．無形固定資産の取得による支出		△ 29,323
4．投資有価証券の取得による支出		△ 504
5．投資有価証券の売却による収入		72
6．連結範囲の変更を伴う子会社株式の売却による収入		741
7．貸付けによる支出		△ 1,675
8．貸付金の回収による収入		1,446
9．その他		△ 8,098
投資活動によるキャッシュ・フロー		△ 111,139
Ⅲ　財務活動によるキャッシュ・フロー		
1．短期借入金の純増加額	❺	43,991
2．長期借入れによる収入		205,722
3．長期借入金の返済による支出		△ 75,327
4．社債の発行による収入		19,900
5．社債の償還による支出		△ 50,000
6．リース債務の返済による支出		△ 16,148
7．配当金の支払額	❻	△ 9,739
8．自己株式の純増加額		△ 5,501
9．その他		1,606
財務活動によるキャッシュ・フロー		114,504
Ⅳ　現金及び現金同等物に係る換算差額		△ 110
Ⅴ　現金及び現金同等物の減少額		△ 36,528
Ⅵ　現金及び現金同等物の期首残高		179,964
Ⅶ　現金及び現金同等物の期末残高		143,436

❶ 有形固定資産の額が大きいため、減価償却費の額も大きい
❷ 売上債権や棚卸資産の額は小さいので、それらの増加については心配しなくていい
❸ 営業活動によるキャッシュ・フローがマイナスになってしまった
❹ ほとんどが航空機の購入によるもの
❺ 借入金を返済するとともに、新たな借入れを行っている
❻ 配当を行っているが、業績の低迷が続けば、その額は減ることに

175

業活動によるキャッシュ・フローがマイナス39,783百万円（損益計算書の営業利益は7,589百万円，経常利益は91百万円），投資活動によるキャッシュ・フローがマイナス111,139百万円，財務活動によるキャッシュ・フローがプラス114,504百万円です。

　営業活動によるキャッシュ・フローがマイナスで，全体としても現金及び現金同等物が減少しています。貸借対照表上の現金及び預金の額も気になりました。

　当期は赤字だったため，営業活動によるキャッシュ・フローの計算はマイナスからのスタートです。航空機を初めとする有形固定資産の額が大きいため，減価償却費の額も大きく，それだけプラスになるのですが，それでも営業活動によるキャッシュ・フローはマイナスです。なお，売上債権や棚卸資産の額が小さいので，それらの増加によるキャッシュ・フローのマイナスについては心配しなくてもいいでしょう。

　投資活動によるキャッシュ・フローの中で最も額が大きいのは有形固定資産の取得による支出ですが，そのほとんどは航空機の購入によるものです。全体として見ても，かなりの額の支出であることがわかります。

　財務活動によるキャッシュ・フローを見ると，借入金を返済するとともに，新たな借入れを行っていることがわかります。資金繰りが厳しそうです。それでも配当を行っていますが，このまま業績の低迷が続けば，その支払額は減らさざるを得なくなるでしょう。

◀第15章　航空会社（全日本空輸）の財務諸表を読む▶

●●●まとめ●●●

・飛行機1機を飛ばすのにかかる費用は，その乗客の数と関係なく同じ。そのため，売上が少なくなると，売上高売上総利益率も低下する。

・自己資本比率と流動比率がともに低く，余裕がない。

・有形固定資産，その中でも特に航空機の額が大きい。

・営業活動によるキャッシュ・フローがマイナスになり，現金及び現金同等物全体も減少しているので，注意が必要。

・売上債権や棚卸資産の額が小さいので，それらの増加によるキャッシュ・フローのマイナスについては心配しなくてもいい。

・投資活動によるキャッシュ・フローの中の有形固定資産の取得による支出のほとんどは，航空機の購入によるもの。

・どう売上を増やすかとともに，どう利益の出る体質にするか（燃料費を中心とした費用を削減できるか，航空機などの設備の規模を売上に見合ったものにできるかなど）を考える必要がある。

コラム ダメな会社の株式を買ってしまったら

　ある会社の株式を購入したが，その会社は全く成長しそうになく，株価は上がらないし，配当も支払われないといった場合，どうしたらいいでしょうか。まず考えるのは，株式市場で売却することだと思います。しかし，そうした株式であれば，どうせ安くしか売却できず，おそらく売却損が生じてしまうでしょう。

　購入した株式の発行会社が成長しそうにない場合，株式市場で売却する以外にどんな選択肢があるのでしょうか。その会社が成長しそうにないのは，おそらく現在の経営の仕方が良くないからです。それを良くすれば，成長が見込まれるようになるかもしれません。そうだとしたら，経営の仕方を変えてしまえばいいのではないでしょうか。

　株式を購入するということは，その会社の株主，すなわち会社の所有者になることです。経営者は会社の所有者ではありません。経営者は，株主から会社の経営を任せられているだけです。現在の経営者による経営の仕方が良くないようであれば，それに口を出してみたらどうでしょうか（場合によっては，経営者を交代させる）。

　株主が会社の経営に口を出す場が株主総会です。株主総会は会社の最高意思決定機関で，経営において重要性の高い事項はそこで決められます。経営者を選ぶのも株主総会です。まずは株主総会に積極的に参加してみてはどうでしょうか。

　しかし，そうした株主としての権利には関心のない方が多いかもしれません。選挙権のように，自分一人が動いたところで何も変わらないと思っているのかもしれません。確かに一昔前の株主総会は，株主からの質疑応答もなく短時間で終わる，いわゆる「シャンシャン総会」がほとんどでした。当然，議案が否決されることもほとんどありませんでした。しかし，最近は積極的な株主が増えつつあり，株主総会の議案が否決されることもあります。

　このように株主などが経営者を監視して，経営が適切に行われるようにする仕組みをコーポレート・ガバナンス（corporate governance），日本語に訳すと「企業統治」といいます。会社の経営は，現実の政治などに比べれば，はるかに民主的なものだと思います。少なくとも民主的なものにするのは容易なはずですので，株主としての権利に目を向けてみてはいかがでしょうか。

第16章 成長可能性が高い会社の財務諸表とは？

　本書の初めで，株式投資に活かす財務諸表の読み方とは，財務諸表を読んで，その会社が今後成長する可能性が高いかどうかを見分ける方法であるといいました。そして，これまで，そうした財務諸表の読み方を身に付けてもらえるように，様々な会社の実際の財務諸表を読んでもらいました。

　成長可能性が高い会社の財務諸表とはどのようなものでしょうか。少なくとも何となくイメージできるようにはなっているかと思います。ここでは，最後のまとめとして，そうした財務諸表がどのようなものかについて説明することにします。

（1）インカムゲインを得ることができる株式とは？

　株式投資の目的は2つあります。1つは，購入した株式の価格が購入したときよりも高くなったときに売却して売却益（キャピタルゲイン）を得ること，もう1つは，購入した株式の発行会社から配当（インカムゲイン）を得ることです。キャピタルゲインを得ることができそうな株式とは，これから説明する成長可能性が高い会社の株式ですが，その前にまずインカムゲインを得ることができそうな株式とは，どのような会社の株式かについて説明しておきます。

　インカムゲインを得ることができる株式の見分け方は，既におわかりでしょう。配当を支払っている会社，配当を支払うことができる会社は，その財務諸表からすぐにわかります。まず配当を支払っている会社は，キャッシュ・フロー計算書の財務活動によるキャッシュ・フローの内容を見れば，わかります。株主に対して配当を支払っていれば，そこに支払額が記載されるからです。

　配当を支払うことができる会社も，貸借対照表（連結ではなく個別の）の純資

産の内容を見れば、わかります。その他資本剰余金とその他利益剰余金の額が、株主に対して支払うことができる配当の額の目安になります（株主への配当や自己株式の取得を行える額を分配可能額といいますが、これについて詳しくは「**第4章　学習塾（東京個別指導学院）の財務諸表を読む**」の中の「**●用語解説●　分配可能額**」を参照）。ただし、自己株式の額は除いて考えるので、会社が多くの自己株式を所有している場合は注意しなければなりません。

　このように、配当を支払っている会社、配当を支払うことができる会社は、その財務諸表を見れば、すぐにわかります。しかし、そうした会社が今後も継続的に配当を支払い続ける、また、配当を支払うことができる状態でいれるとは限りません。**今後も継続的にインカムゲインを得ることができそうな株式となると、やはり成長可能性が高い会社の株式であるといえます。**株主に対して支払われる配当はその会社の成長と連動するため、継続的にインカムゲインを得たいのであれば、成長可能性が高い会社の株式に投資した方がいいでしょう。

　なお、株主優待が株式投資の目的であるという方もいるかもしれません。会社が行っている株主優待の内容は、その有価証券報告書を見れば、わかります（有価証券報告書については「**第6章　財務諸表はどこにあるか？**」、株主優待については「**コラム　株主優待について**」を参照）。しかし、株主優待が目当てであっても、その会社の成長可能性について考えた方がいいでしょう。今後も引き続き株主優待が行われるかどうか、今後より質の高い株主優待が行われるかどうかは、その会社の成長と関係してくるからです。

（2）成長可能性が高い会社の財務諸表とは？

　それでは、成長可能性が高い会社の財務諸表とはどのようなものでしょうか。これまでの説明で既におわかりかもしれませんが、そうした財務諸表には4つの状態が表れています。その4つの状態とは、利益を得ている、資産・負債・純資産のバランスがいい、商品が動いている、そして、お金を得ているというものです。

◀第16章 成長可能性が高い会社の財務諸表とは？▶

① 利益を得ている

やはりまず確認しなければならないのは，利益を得ているかどうかです。会社は利益を得て成長します。ただし，ただ利益を得ているかどうかだけでなく，それをどのようにして得たのかについても確認しなければなりません。今後成長していくかどうか，すなわち，今後も引き続き利益を得ていけるかどうかを見極めるに当たっては，どのようにして利益を得ているのかが重要だからです。たまたま運良く得られた利益では意味がありません。

利益には様々なものがあります。最終的な利益である当期純利益だけを確認するのではなく，それぞれの利益をどのようにして得たのかを確認しなければなりません。まず売上総利益は，原価より安く商品やサービスを販売することはないので，通常マイナス（売上総損失）にはなりません。売上高売上総利益率（売上総利益／売上高×100）は，販売する商品やサービスの性質や，必要な販売費及び一般管理費の大きさなどにより，低い場合（薄利多売）と高い場合（厚利少売）があります。

売上総利益で販売費及び一般管理費をまかなえれば，営業利益を得ることができます。まかなえないとマイナス（営業損失）になってしまうのですが，その原因としては，そもそも売上高が少ない，あるいは，販売費及び一般管理費が多いことが考えられます。

営業外費用より営業外収益の方が大きければ，経常利益は営業利益よりも大きくなります。逆に営業外収益より営業外費用の方が大きければ，経常利益は営業利益よりも小さくなってしまいます。経常利益が営業利益よりも小さくなってしまう原因として多いのは，営業外費用の中の支払利息の額が大きいことです（その場合，貸借対照表上の借入金の額も大きく，自己資本比率も低くなることが多い）。

特別利益や特別損失は特別な原因によって発生したものです。したがって，会社がどのような経営を行っているかとは関係ないように思われます。しかし，例えば有形固定資産の売却を頻繁に行う会社であれば，その売却損益などの発生が多くなります。また，有形固定資産や無形固定資産を多く所有している会

社であれば，その価値が下落して減損損失が発生するリスクが，投資有価証券を多く所有している会社であれば，その価値が下落して投資有価証券評価損が発生するリスクが高くなります。

このようにして会社は利益を得るのですが，**多くの利益を得られるように工夫している会社が，成長可能性が高い会社であるといえるでしょう**。利益をできる限り大きくするためには，収益をできる限り大きく，費用をできる限り小さくする必要があります。それを実現するのは決して簡単なことではありませんが，成長可能性が高い会社は，そうした少ない費用で多くの収益を得るという効率的な経営に努めている会社です。

なお，ROA（総資産利益率＝利益／総資産×100）とROE（株主資本利益率＝利益／株主資本×100）も，会社が効率的な経営を行っているかどうかの目安になります。それらが高いということは，資産を上手に使って多くの利益を生み出すことができているということだからです。

② 資産・負債・純資産のバランスがいい

会社が安定した状態にあることも重要です。**不安定な状態は会社の今後の成長をおびやかすものになります**。会社が安定した状態にあるかどうかの目安ですが，自己資本比率（＝純資産合計／負債純資産合計×100）と流動比率（＝流動資産／流動負債×100）が高ければ，お金を返す必要に迫られていないため，安定した状態にあるといえます。

自己資本比率が低い，すなわち，負債の額が大きいことの原因の多くは，借入金の額が大きいことです。そうなると支払利息の額も大きくなり，それだけ利益を小さくすることになります。また，借入金の額が大きいと，それを返せなくなるリスクも生じてきます（借入金を返せなければ，会社は倒産する）。

しかし，自己資本比率が低すぎるのは良くありませんが，低ければ低いほどいいというわけではありません。投資対象があるのに手元にお金がなければ，外部からお金を集めなければなりませんが，その場合，借入れよりも増資の方がいいとは限りません（「**コラム** 借入れと増資，どちらがいいか？」を参照）。

流動比率は，すぐに返さなければならない流動負債に対して，その支払いに充てることができる流動資産がどれだけあるかを示すものです。これが高ければ，現時点において安定した状態にあるといえます（すぐにお金が返せなくなって困ることはない）。しかし，流動資産のすべてが流動負債の返済に充てられるとは限りません。流動比率が高くても，流動資産の内訳が現金化しにくいもの（売れ残りの棚卸資産など）ばかりでは意味がありません。

　なお，こうした資産・負債・純資産のバランスのほかに，資産の内容も確認する必要があります。会社を不安定な状態にするかもしれない要因が，資産の中に含まれている可能性があるからです。例えば，売掛金や貸付金には，それらが貸し倒れて回収できなくなるというリスクが，棚卸資産には，それらが売れ残って販売できなくなるというリスクがあります。また，有形固定資産と無形固定資産には，それらの価値が下落して減損損失が発生するというリスクが，そして，投資有価証券にも，それらの価値が下落して投資有価証券評価損が発生するというリスクがあります。資産にはそうした様々なリスクが潜んでいるといえます。

③　商品が動いている

　会社は，商品やサービスの元となるものを仕入れて，それに価値を付け加えて，消費者に対して商品やサービスとして販売します。**現在のところ利益を得ることができていても，その流れがスムーズでないようだと，今後の成長が疑わしくなります**。なぜなら，そうしたスムーズでない流れは，会社の成長にマイナスの影響を与えるかもしれないからです。

　棚卸資産回転率（＝売上高÷棚卸資産）は，棚卸資産が販売される速度を示し，これが高いと，棚卸資産がスムーズに販売されていることになります。事業の内容によって違いがありますが（棚卸資産を多く所有しなければならない事業と所有しなくてもいい事業），棚卸資産回転率が低い場合は，棚卸資産がスムーズに販売されていないということであり，注意が必要になります。

　棚卸資産は，販売されないまま時間が経つと，それに対する需要がなくなり，

販売できなくなってしまいます（不良在庫）。そして，販売できなくなると，特別損失（商品廃棄損など）が発生し，それだけ利益を小さくすることになります。

また，棚卸資産は，販売されて初めて費用（売上原価）になり，利益を小さくします。しかし，費用になり利益を小さくしなくても，それを仕入れることによってお金は出ていきます。棚卸資産が増加しているということは，費用になり利益を小さくしていなくても，お金は出ていっているということを意味しているのです。

④ お金を得ている

会社は利益を得て成長します。しかし，利益を得るだけでは十分ではありません。お金も得なければなりません。利益を得ることができていても，お金がなくなってしまえば，事業を続けること自体が不可能になってしまいます。**利益とともにお金も得ることができていなければ，成長可能性が高い会社であるとはいえません。**

会社でお金の出入りがどれだけあり，その結果，会社にお金がどれだけあるのかを示したものがキャッシュ・フロー計算書です。それには，営業活動によるキャッシュ・フロー，投資活動によるキャッシュ・フロー，財務活動によるキャッシュ・フローが記載されますが，中でも重要なのは営業活動によるキャッシュ・フローです。

営業活動によるキャッシュ・フローは，文字どおり営業活動によって得られたお金の額を示すものですが，それがマイナスの場合は注意が必要です。利益を得ることができていても，実はお金を得ることはできていない場合があります。売上債権の増加（お金が入ってきていない）や棚卸資産の増加（お金は出ていっている）などの額が大きいため，利益が出ているのにキャッシュ・フローはマイナスという場合があるのです。

それに対して，投資活動によるキャッシュ・フローと財務活動によるキャッシュ・フローは，プラスでなければならないというものではありません。営業

活動と異なり，それらはお金を得なければならない活動ではありません。したがって，それらがマイナスのために，営業活動によるキャッシュ・フローはプラスなのに，キャッシュ・フロー全体ではマイナスになってしまったとしても，必ずしもそれが悪い状態であるとは限りません。

投資活動によるキャッシュ・フローは，設備投資やほかの会社の買収などを活発に行っている会社の場合，マイナスになることが多いのですが，それは悪い状態ではありません。ただし，そうした支出が適切なものかどうかについては検討する必要があります（適切でない支出が多ければ，悪い状態）。

また，新たに資金調達を行った額よりも借入金の返済額の方が大きければ，財務活動によるキャッシュ・フローはマイナスになりますが，それも悪い状態とは限りません。ただし，資金繰りが厳しい状況がうかがえる場合は注意が必要になります（その場合，自己資本比率も低いことが多い）。

●●● まとめ ●●●

- インカムゲインを得ることができる株式は，その会社の財務諸表からすぐにわかる。しかし，今後も継続的にインカムゲインを得ることができそうな株式は，成長可能性が高い会社の株式。
- 成長可能性が高い会社の財務諸表には，利益を得ている，資産・負債・純資産のバランスがいい，商品が動いている，そして，お金を得ているという4つの状態が表れている。
- ただ利益を得ているかどうかだけでなく，それをどのようにして得たのかも確認しなければならない。そして，多くの利益を得られるように工夫している会社が，成長可能性が高い会社。
- 会社が不安定な状態にあることは今後の成長をおびやかすものになるため，安定した状態にあることも重要。それを判断するためには，資産・負債・純資産のバランスのほかに，資産の内容も確認する必要がある。
- 棚卸資産がスムーズに販売されていない状態は，会社の成長にマイナスの影響が与える可能性がある。
- お金がなくなってしまえば，事業を続けること自体が不可能になるため，利益とともにお金も得る必要がある。

◻ 索 引 ◻

あ行

粗利 …………………………… 5
ROE ………………………… 125
ROA ………………………… 125
EPS …………………… 122, 126
インカムゲイン ……………… 1
受取手形 …………………… 25
受取配当金 ………………… 38
売上原価 …………………… 4
売上債権 …………………… 31
売上総利益 ………………… 5
売上高 ……………………… 4
売上高売上総利益率 …… 123
売上高営業利益率 ……… 123
売上高経常利益率 ……… 123
売掛金 ……………………… 25
営業外収益 ………………… 5
営業外費用 ………………… 5
営業活動によるキャッシュ・フロー … 9
営業キャッシュ・フロー対有利子負債比
　率 ……………………… 131
営業利益 …………………… 5
EDINET …………………… 66
MMの配当無関連命題 …… 145
親会社 ………………… 65, 74

か行

買掛金 ……………………… 27
会社四季報 ………………… 61
会社法 ……………………… 42
貸倒引当金 …………… 25, 60
株価収益率 ……………… 126
株価純資産倍率 ………… 130
株式交付費 ……………… 117
株式発行 …………… 110, 122
株主 ………………………… 7
株主資本 ………………… 40
株主資本等変動計算書 …… 33
株主資本利益率 ………… 125
株主総会 ………………… 178
株主優待 ………………… 156
借入金 …………………… 14
借入金等明細表 …………… 33
為替差益 …………… 24, 28
為替差損 …………… 24, 28
関係会社株式 …………… 79
監査 ……………………… 96
監査法人 ………………… 96
間接法 ……………… 45, 84
関連会社 ……………… 65, 76
企業統治 ………………… 178
キャッシュ・フロー計算書 … 3
キャピタルゲイン ………… 1

187

金融商品取引法に基づく有価証券報告書等の開示書類に関する電子開示システム	66	仕掛品	17
		敷金	43, 52
		自己株式	41
繰越利益剰余金	40	自己資本比率	127
繰延資産	117	資産	7
繰延税金資産	138	資産除去債務明細表	33
繰延税金負債	138	支払手形	27
黒字倒産	8	支払利息	14
経常利益	5	四半期決算短信	68
継続企業の前提	96	四半期報告書	68
決算短信	62	資本金	40
減価償却	59	資本準備金	40
研究開発費	100, 148	資本剰余金	40
現金及び現金同等物の増減額	8	社債	27
原材料	17	社債発行費	117
減資	134	社債明細表	33
減損	75	シャンシャン総会	178
減配	145	収益	4
ゴーイング・コンサーン	96	純資産	7
コーポレート・ガバナンス	178	少数株主持分	77
公開買付け	168	少数株主利益	72
公認会計士	96	譲渡性預金	118
子会社	65, 76	剰余金	42
固定資産	14	商標権	79
固定負債	14	商品	17
コマーシャル・ペーパー	114	仕訳	47
		新株予約権	101
さ行		税金等調整前当期純利益	75
		税効果会計	137, 138
債権者	7	税引前当期純利益	6
在庫	17	製品	17
財務活動によるキャッシュ・フロー	9	増資	110, 122
財務指標	123	総資産利益率	125
債務超過	7, 71	増配	145
仕入債務	31		

創立費	……………………116	は行	
その他資本剰余金	…………………40	配当	……………………1, 18, 145
その他有価証券評価差額金	…………101	ハイリスク・ハイリターンの原則	……21
その他利益剰余金	………………40	販売費及び一般管理費	………………5
ソフトウェア	………………………79	PER	……………………126
損益計算書	……………………3	BPS	……………………130
		PBR	……………………130
た行		引当金	……………………105
貸借対照表	……………………3	引当金明細表	……………………33
棚卸資産	……………………17	引当金戻入	……………………101, 105
棚卸資産回転率	……………………129	1株当たり純資産	……………………130
短期借入金	……………………16	1株当たり利益	……………………122, 126
長期借入金	……………………16	費用	……………………4
直接法	……………………45	評価・換算差額等	……………………101
TOB	……………………168	ファンド	……………………161
TDnet	……………………64	複式簿記	……………………47
適時開示情報閲覧サービス	……64	復配	……………………145
適時開示情報伝達システム	……64	負債	……………………7
当期純利益	……………………4, 6	附属明細表	……………………33
倒産	……………………96	不良在庫	……………………17, 129
投資活動によるキャッシュ・フロー	…9	粉飾	……………………96
投資事業組合	……………………161	分配可能額	……………………42, 77
投資有価証券	……………………24	ベンチャー企業	……………………21
投資有価証券評価損	……………101	法人税, 住民税及び事業税	………6
特別損失	……………………5	法人税等調整額	……………………138
特別利益	……………………5	簿記	……………………47
特許権	……………………79	保険差益	……………………172
		保守主義の原則	……………………103
な行			
二段階買収	……………………168	**ま行**	
日経会社情報	……………………61	前受金	……………………139
日本経済新聞	……………………61	未収金	……………………92
のれん	……………………79	未収収益	……………………92

未払金 …………………………90, 92
未払費用 ……………………………92
未払法人税等 ………………………103
無形固定資産 ………………………79
無配転落 ……………………………145
持株会社 …………………………74, 86
持分法 ………………………………76

や行

有価証券 ……………………………24
有価証券報告書 …………………64, 156
有価証券明細表 ……………………33
有形固定資産 ………………………16
有形固定資産等明細表 ……………33

ら行

利益 …………………………………4
利益剰余金 …………………………40
流動資産 ……………………………14
流動比率 ……………………………128
流動負債 ……………………………14
連結財務諸表 ………………………72
連結損益計算書 ……………………72
連結貸借対照表 ……………………77
ロイヤリティー収入 ………………111

著者略歴

鈴木　広樹（すずき　ひろき）
1971年　新潟市生まれ
1995年　早稲田大学政治経済学部卒業
現　在　事業創造大学院大学准教授
著　書　『タイムリー・ディスクロージャー（適時開示）の実務』（税務研究会）
　　　　『株式投資に活かす適時開示』（国元書房）
　　　　『財務報告実務検定公式テキスト』（共著、TAC出版）

著者との契約により検印省略

平成22年4月1日　初版発行	**株式投資の基本** 伸びる会社がわかる財務諸表の読み方

著　者	鈴　木　広　樹
発行者	大　坪　嘉　春
整版所	ハピネス情報処理サービス
印刷所	税経印刷株式会社
製本所	株式会社　三森製本所

発行所　東京都新宿区下落合2丁目5番13号　株式会社　**税務経理協会**

郵便番号 161-0033　振替 00190-2-187408　電話 (03) 3953-3301 (編集部)
FAX (03) 3565-3391　　　　　　　　　(03) 3953-3325 (営業部)
URL http://www.zeikei.co.jp/
乱丁・落丁の場合はお取り替えいたします。

© 鈴木広樹 2010　　　　　　　　　　　　Printed in Japan

本書を無断で複写複製（コピー）することは、著作権法上の例外を除き、禁じられています。本書をコピーされる場合は、事前に日本複写権センター（JRRC）の許諾を受けてください。
JRRC〈http://www.jrrc.or.jp eメール:info@jrrc.or.jp 電話:03-3401-2382〉

ISBN978-4-419-05449-6　C1063